法 治 与 家 庭 丛 书

同居纠纷案例评析

主 编 杨世强

暨南大学出版社
JINAN UNIVERSITY PRESS

中国·广州

图书在版编目（CIP）数据

同居纠纷案例评析/杨世强主编. —广州：暨南大学出版社，2017.12
（法治与家庭丛书）
ISBN 978 - 7 - 5668 - 2293 - 2

Ⅰ．①同… Ⅱ．①杨… Ⅲ．①非婚同居—案例—中国②婚姻家庭纠纷—案例—中国 Ⅳ．①C913.14②D923.905

中国版本图书馆 CIP 数据核字（2017）第 310840 号

同居纠纷案例评析
TONGJU JIUFEN ANLI PINGXI
主　编：杨世强

出 版 人：徐义雄
责任编辑：古碧卡　姚晓莉
责任校对：刘雨婷　李林达
责任印制：汤慧君　周一丹

出版发行：暨南大学出版社（510630）
电　　话：总编室（8620）85221601
　　　　　营销部（8620）85225284　85228291　85228292（邮购）
传　　真：（8620）85221583（办公室）　85223774（营销部）
网　　址：http://www.jnupress.com
排　　版：广州市科普电脑印务部
印　　刷：深圳市新联美术印刷有限公司
开　　本：787mm×1092mm　1/16
印　　张：11.5
字　　数：206 千
版　　次：2017 年 12 月第 1 版
印　　次：2017 年 12 月第 1 次
定　　价：39.80 元

（暨大版图书如有印装质量问题，请与出版社总编室联系调换）

前　言

　　这里所称的同居，是指通常意义上的男女双方未办理结婚登记手续而共同生活。因此，本书所称的同居纠纷，指的是男女双方在同居生活中因种种原因产生的矛盾冲突。不论人们是否愿意承认和接受，同居作为一种社会现象或者说生活方式，已经具有一定程度的普遍性了。即便是作为社会主流的正常婚姻关系，都不可避免地会产生各种各样的纠纷，非主流的同居关系则更加容易产生矛盾和冲突，而且同居纠纷给社会生活秩序带来的冲击可能还要更大一些。因此，我们认为，人们对同居现象以及同居纠纷是不应当也不可能回避的。

　　社会发展到今天，观念越来越开放，人们对同居也大为宽容甚至有些放任。都市的白领阶层已悄然流行同居生活，流动的打工一族也乐于同居生活，在校大学生租房同居的屡见不鲜，丧偶老人同居在一起的也不罕见，这些是人们熟知的、公开进行的同居现象。还有另一种"秘密"进行的同居，虽然并不普遍被人们所宽容，却时时在撩拨着人们的神经，这就是俗称"包小三"（有配偶而与他人同居）。然而，从法律上看，同居终究是男女关系的"灰色地带"，不管是为了规避义务还是为了逃避惩戒，也不管是因为暂时受限无法结婚，还是因为只想自由不受约束，当事人选择了法律未规定的未婚同居或者法律禁止的婚外同居，他或她也就失去了法律上的权利保障。在同居过程中，一旦双方发生矛盾纠纷，最终可能会面临事与愿违、鸡飞蛋打的结局。据报道，广东有将近200万个存在事实"夫妻"关系，由于种种原因而没有办理结婚登记手续，实质上也是不被法律所承认的同居关系，这些家庭约占全省1 976万多个家庭中的10%。2014年至2016年的三年间，广东省妇联系统所受理的妇女群众对同居纠纷的信访维权案件数，分别为1 442宗、1 103宗、1 161宗，占年度婚姻家庭权益纠纷信访案件数的比例分别是7.0%、6.2%、6.4%。由此可见，被人们视为非主流的同居一族在同居生活中产生的矛盾纠纷，也是一个应当引起关注的社会问题。

对此，我们认为，同居现象既然是一个有一定普遍性的社会现实存在，随之而来的各种纠纷也是我们必须要理性面对和妥善处理的。目前，法律对同居关系几乎没有作出什么规定，主要是通过出台一些司法解释和参照《婚姻法》的规定来处理同居纠纷案件，这种局面是应当尽快改变的。从法理上说，同居关系作为一种人与人之间的社会关系，涉及当事人许多重要的权利义务，应当纳入法律调整的范畴。从当事人的角度看，一旦同居关系当事人之间产生了纠纷，必然就要调处解决纠纷。如果以没有相关的法律规范为由，长期将同居关系纠纷的当事人拒之于法庭门外，导致同居关系中弱者或是受害者的利益得不到维护，恐怕并不符合我们建设社会主义法治国家的方向、原则和精神。当然，在国家通过立法来规范同居关系之前，我们了解掌握目前有关处理同居关系的基本法律知识，对正确处理同居纠纷也是十分必要的。

为了使广大读者对同居关系有真切的了解和认识，我们编写了这本《同居纠纷案例评析》。本书分为两部分内容：第一部分是案例评析。我们从广东省妇联系统近年来所调处的同居纠纷案件中，选择了37个典型案例，根据婚姻法及相关司法解释的规定和精神，对当下最为常见的同居纠纷进行评析，通过具体真实的案例，包括未办理结婚登记而以夫妻名义同居、一般的未婚同居、单方有或双方均有配偶的同居所引发的财产纠纷、非婚生子女抚养纠纷、过错责任纠纷等，让读者了解和掌握有关同居纠纷的情况，从这些案例中得到有益启示，防患于未然，理性应对同居生活的各种风险和问题。同时，在每个案例后面链接了相关的维权知识。第二部分是附录，包括最高人民法院民一庭法官对婚姻家庭审判的难点、热点的问答和《中华人民共和国婚姻法》及相关司法解释条文，以便于查找和应用。

　　本书是"法治与家庭丛书"的一本，作为可普及群众的案例读本，旨在通过同居纠纷真实案例的简介和评析，使读者对同居关系的各种具体状况有感性认识，对选择和处理同居关系有理性认识，并能掌握一些处理同居关系的基本法律知识，从而最大限度减少和避免权益受损。本书对从事婚姻家庭实务调处、婚姻法理论研究教学、基层普法宣传等相关工作者，均有一定的参考实用价值，对普通读者也有以案学法、启发思路的维权指引作用。

编　者

2017 年 10 月 15 日

目 录

03 婚内"出轨"纠纷篇

附　录

后　记

01／"夫妻"财产纠纷篇

一、"结婚"长达三十载　中年遭遇大麻烦

案情简介

2015年12月某日，48岁的女子阿桂①来到广东省妇女维权与信息服务站（肇庆站）寻求帮助。阿桂衣衫不整，神情慌张，口中念念有词："我要离婚，我要离婚，你们妇联一定要帮帮我啊，我好害怕……"随即，维权站工作人员安排律师和心理医生志愿者为她提供服务。

经仔细询问，得知阿桂于1986年在德庆某镇与老吴未办结婚登记手续就按习俗"结婚"了，从此开始了同居生活。在同居期间，她生下三名女儿，并长期遭受老吴及其家人的暴力对待。1996年，阿桂为了避免继续遭受家暴，毅然离家来到肇庆工作。阿桂的户口一直在老吴名下，她想要迁出来恢复自由身，但一直被老吴以双方是"事实夫妻"关系为由拒绝。为此，阿桂曾向德庆县人民法院起诉，要求解除与老吴的"夫妻关系"，县法院也审理并作出了裁决。但由于已过去了近二十年，阿桂已记不清当初法庭的裁决结果是什么了。如今，阿桂再次因为户口问题找不到合适的工作，没有了经济来源，想回家拿户口本又怕被老吴抓住暴打，因此不敢回去。阿桂诉称，因为当年受到家暴的伤害太深，心理创伤巨大，使得她长期失眠，几乎每天晚上都被噩梦折磨，患上了睡眠障碍、抑郁症等严重的心理疾患，需要经常到医院看病和服药。如今，她失去了收入来源，整个人几乎陷入精神崩溃的状态，记忆力减退，没有了意志力。

维权站工作人员发现，阿桂虽然是一名中年妇女，但语言及行为表现却像一个未成年人。经心理医生诊断：她的确患有严重的心理疾病，需要持续、长期地接受心理治疗并坚持服药。目前，令她产生心理问题的关键是她与老吴存在的"事实夫妻"关系，只要从法律上解除了她与老吴的"事实夫妻"

---

① 本书案件所涉及人员名称均为化名。

关系,她的心理问题就会有很好的改善。于是,维权站志愿者李律师指引阿桂,先到德庆县公安机关户籍科打印户籍证明,再到法院调取档案,查看当年法院判决的结果,以确认是否已解除了"夫妻关系"。如未解除,则可通过向德庆县人民法院起诉的途径解除阿桂与老吴的"事实夫妻"关系。

随后,阿桂在两名朋友的陪同下回到德庆,但事情办得并不顺利。当地公安机关称,老吴户口本上的户籍证明只能通过法院调取,不可能打印给她个人使用;而法院的档案室则表示,由于时间过长,留存的资料太多太乱,暂时无法找到此案的判决书。阿桂在朋友的建议下,又来到县法律援助站申请法律援助,法援站列出了需要阿桂提供的证明文件清单,要她回村委会开具证明,才符合申请法律援助的条件。阿桂一想到回去可能遭受老吴的暴力,就浑身发抖,不敢再回村。

阿桂几近绝望,心理问题也越发严重,又来到维权站求助。工作人员先通过共情理解安抚好她的情绪,同时把该案转交给德庆县妇联协助跟踪处理。德庆县妇联收到此案后,立即到民政局、公安局查询了阿桂的婚姻和户籍档案。原来,阿桂与老吴确实被登记成"事实夫妻"关系。县妇联又向村委了解情况,阿桂的户口确实是登记在户主为老吴的户口本内,但老吴及三个女儿对她离家出走一事记恨在心,不予配合帮助分户,村委会多次协调也没有成功。为此,肇庆站与德庆县妇联决定一起帮阿桂申请法律援助,指派当地一名公职律师代理她向德庆县人民法院提起诉讼。

2016年3月,法院开庭审理此案,男女双方均到庭。审理过程中,双方争执激烈:阿桂在庭上提出老吴多年前向她施暴,应当进行赔偿;老吴则称,事隔多年了,阿桂也没有证明他施暴的证据,一口回绝她的赔偿要求。三名女儿对母亲怨恨很深,也支持父亲的意见,而且认为阿桂当年抛弃她们离家出走,导致她们得不到照顾,饱受村里人的欺负。最后法庭认定,阿桂与老吴已分居多年,参照《中华人民共和国婚姻法》(以下简称《婚姻法》)及相关司法解释的规定,判决解除双方的"同居关系"。

案例评析

阿桂1986年与老吴按习俗"结婚",因未依法办理结婚登记手续,双方是名为夫妻实为同居的关系;而且,按照当时的法律规定,属于非法同居关系。她生育了三个女儿后,因不堪家暴而离家出走,又因户口被老吴控制而找不到工作。至此案最终解决时,阿桂近三十年来就是在这样的状态下生活的！

阿桂因此"事实夫妻"关系饱受折磨，以致患上了严重的心理疾患，她的遭遇是令人同情的，也是令人困惑不解的，为什么老吴及其家人、村人，甚至三个女儿都不认同阿桂是一位未婚的"自由"人？实际上，这就是一个困扰着许多人的事实婚姻的效力问题。

本案中，阿桂与老吴同居十年后发生分手纠纷，也曾诉诸法院解决，但她已不记得十几年前法院是如何裁决的了，因种种原因也查找不到当时的司法文书。那么，本案中，阿桂未办结婚登记而与老吴"结婚"同居生活，并且生育了三个女儿，她与老吴之间是否形成了有法律效力的事实婚姻？

关于事实婚姻的效力，历来是法学界争论不休的重要问题。实践中，未办理结婚登记手续，但按民间习俗举办了婚礼的"结婚"行为，在社会上特别是在一些农村地区还存在很高的认可度。为此，最高人民法院于1989年颁布了《关于人民法院审理未办结婚登记而以夫妻名义同居生活案件的若干意见》，规定对事实婚姻予以有限制的认可："1986年3月15日婚姻登记办法施行前，未办结婚手续即以夫妻名义同居生活，群众也认为是夫妻关系的，如同居时或者起诉时双方均符合结婚的法定条件，可认定为事实婚姻；如同居时或者起诉时一方或者双方不符合结婚的法定条件，应认定为非法同居关系。"即是说，1986年3月15日前，以夫妻名义同居生活并且群众也认为是夫妻关系的，可以认定为事实婚姻，具有法律效力。

但到了2001年，新修订的《中华人民共和国婚姻法》颁布实行后，最高人民法院又于同年出台了《关于适用〈中华人民共和国婚姻法〉若干问题的解释（一）》（以下简称《婚姻法解释（一）》），对事实婚姻问题规定：未办理结婚登记而以夫妻名义共同生活的，1994年2月1日民政部《婚姻登记管理条例》公布实施以前，男女双方已经符合结婚实质要件的，按事实婚姻处理；《婚姻登记管理条例》公布实施以后，男女双方符合结婚实质要件的，人民法院应当告知其在案件受理前补办结婚登记；未补办结婚登记的，按解除同居关系处理。即是说，自1994年2月1日民政部《婚姻登记管理条例》公布实施以后，法院受理案件前，以夫妻名义同居的男女，如果没有补办结婚登记的，或者说拿不出结婚证的，不管是否得到群众认可，也不管持续了多久，都不再作事实婚姻对待，而是按同居关系处理。

本案中，阿桂与老吴从1986年就开始以夫妻名义同居并生育女儿，但一直未到民政局补办结婚登记，因此不是合法的夫妻关系。对于双方发生的纠纷，如果是在现行《婚姻法》及《婚姻法解释（一）》颁布实施前进行处理，法院就会认定双方存在事实婚姻关系。因此，笔者推测，阿桂第一次到当地法院起诉请求处理双方关系时，法院应当是依照当时的法律规定，认定他们是事实婚姻关系并作出处理。但是，由于种种原因找不到当初的裁判法律文书了，使得阿桂的经历犹如一段不曾实际发生过的故事。也因此，如果双方纠纷再起时，双方又未补办结婚登记，法院会参照现行《婚姻法》和相关司法解释处理，判决解除同居（事实夫妻）关系。笔者以为，法院这样处理，也是司法务实、为民解忧的体现。

本案也提示，如今法律环境发生了巨大变化，那些打算开始同居生活或者正在进行同居生活的人们，务必要有一个清醒认识：结婚是一个严肃的法律行为，没有办理结婚登记的婚姻是没有法律效力的，"事实婚姻"这个固有概念，是过时的老皇历了！

维权知识

什么是事实婚姻？法律是如何规定的（一）？

事实婚姻，是与合法登记婚姻相对的一个概念，指没有配偶的男女双方未办理结婚登记手续，便以夫妻名义同居生活，群众也认为是夫妻关系的两性结合。在我国，未经依法登记的婚姻关系本质上属于违法婚姻，但为了维持一定范围内的社会生活秩序，对男女双方未办理结婚登记而以夫妻名义同居生活，附条件予以认可其夫妻关系，因此有了事实婚姻这一概念。

事实婚姻的主要特征有：①男女双方均无配偶，有配偶则可能构成"事实重婚"，即前婚未解除又与他人以夫妻名义共同生活，均未办理结婚登记手续，但公开以夫妻名义共同生活。②双方当事人具有婚姻的目的和共同生活的形式，以区别于其他不合法的性行为。③一般举行过结婚仪式，男女夫妻身份公开，为周围群众所公认，即在形式上为社会所承认。

二、黄昏恋已成"夫妻"　争遗产无家可归

案情简介

林婆婆与陈先生相识于 1994 年初，当时陈先生 68 岁，原配已经去世两年，林婆婆 51 岁，亦是丧偶，两人因志趣相投进而相恋同居在一起。1998 年，两人搬至广州市天河区某街，在陈先生名下的一套房屋内继续以夫妻名义共同生活。自两人相识同居以来，林婆婆便一直负责照顾比自己年长 17 岁的"老伴"的生活起居，同时还像亲奶奶一般照顾他的两个可爱的孙女。二十年来，陈先生曾多次提出要与林婆婆一起去领结婚证，但林婆婆一方面是因为法律意识淡薄，另一方面是为了向陈先生的孩子表明，自己和陈先生走到一起并非觊觎他的财产，最终没有和陈先生去办理结婚登记手续。十几年来，陈家子女目睹了林婆婆对父亲的照顾和陪伴、对家庭的付出和贡献，几度在老人家面前承诺，老人百年之后会为其养老送终。

然而，2012 年陈先生病重期间，陈家子女开始不断无故指责和排斥林婆婆，当着父亲的面明确要求林婆婆拿出他们两人的共同存折。2013 年年中，陈先生在病重无法用语言表述的情况下，示意由林婆婆保管并使用两人共同存款 90 万元人民币，直到 2014 年 3 月陈先生病逝。陈先生病逝后，陈家子女通过继承公证将陈先生遗留下的原两老共同居住的一套房产，过户登记到自己名下，随后向林婆婆提出房屋处置方案：一是给林婆婆留下存款 10 万元，房子可住到终老；二是给林婆婆留下存款 20 万元，但要搬出房屋。林婆婆同意第一种方案，但陈家子女却只要求她拿出存折，不再提及房屋居住问题。林婆婆担心对方拿到钱后马上赶她走，因此拒绝交出存折，双方没有达成协议。2015 年 9 月，陈家子女向广州市天河区人民法院起诉，称林婆婆是陈先生生前雇用的保姆，请求判令林婆婆交出 90 万元存款并搬离其居住了十几年的房屋。林婆婆接到诉状后，深感耻辱，悲痛欲绝，她没有想到自认为是亲人的陈家子女，竟然只当她是一个和他们老父亲非法同居的老保姆！林婆婆

更加担心的是，如果官司败诉，她将被强行赶出家门，无家可归，流落街头。为此，她忧心忡忡地来到区妇联求助，妇联工作人员决定为她提供法律援助。

法援律师根据林婆婆的实际情况，从以下几方面拟定了代理意见：首先，林婆婆与陈先生已形成事实婚姻关系，银行存款应为夫妻共同财产；其次，即使不能证明双方是事实婚姻，林婆婆也具有分配陈先生遗产的主体资格；第三，林婆婆可以取得该房屋的居住权；第四，原告把七旬病危老人赶出家门，显然有违社会公德。然而，林婆婆的争产诉讼进行得很不顺利，最终结果很无情，她彻底败诉了：广州市天河区人民法院判决林婆婆返还90万元存款，将房屋腾空并交还原告。林婆婆不服一审判决，向广州市中级人民法院提起上诉，二审法院判决维持原判，驳回上诉。

案例评析

本案中林婆婆的遭遇，即是许多老年非婚同居者最终结局的一个缩影，也是警醒老年同居者要处理好同居关系的一个典型案例。虽然法援律师已经为林婆婆据理力争了，但由于林婆婆在诉讼中对承担举证责任存在先天不足，致使法院无法支持她的主张。

首先，林婆婆与陈先生的长期同居是否属于"事实婚姻"？根据《婚姻法》第八条规定，要求结婚的男女双方必须亲自到婚姻登记机关进行结婚登记，未办理结婚登记的，应当补办登记。现实生活中，有些人总是因为这样那样的原因不办理结婚登记而以夫妻名义同居生活，这就是所谓的"事实婚姻"。但现行法律对"事实婚姻"只予以有条件的认可。对此，《婚姻法解释（一）》规定，未按婚姻法第八条规定办理结婚登记而以夫妻名义共同生活的男女，起诉到人民法院要求离婚的，应当区别对待：1994年2月1日民政部《婚姻登记管理条例》公布实施以前，男女双方已经符合结婚实质要件的，按事实婚姻处理；《婚姻登记管理条例》公布实施以后，男女双方符合结婚实质要件的，人民法院应当告知其在案件受理前补办结婚登记；未补办结婚登记的，按解除同居关系处理。本案中，林婆婆自1994年初起就已经和陈先生以夫妻名义共同生活了，按一般人理解，两人已形成事实婚姻关系，但法律对两人关系性质的认定是十分严谨的。虽然他们符合结婚的实质要件，但两人自1994年2月《婚姻登记管理条例》公布实施以后没有去补办结婚登记，在陈先生生前，她本人也没有向法院提起过离婚或请求解除同居关系之诉。如今，陈家子女起诉林婆婆并非离婚之诉，法院不会主动去确认她与陈先生是否存在事实婚姻关系。由此，林婆婆丧失了通过补办登记手续来确认她自1994年起与陈先生存在"事实婚姻"关系的前提和机会。

其次，林婆婆不能以"妻子"名义主张从争议财产中分割出属于自己的份额。由于不能确认她和陈先生已经形成"事实婚姻"关系，争议的银行存款等就不能认定为夫妻共同财产，林婆婆就没有法律依据主张对争议的财产享有属于自己的份额。虽然陈先生早在2010年已表示要将其银行存款交给林婆婆，但这种口头形式表示的赠与，并没有法律效力。至于陈先生名下的房屋，房屋产权证上并未载明她是共有人，与她也没有任何法律上的关系。

再次，林婆婆也无法以配偶身份主张法定继承人的权利。林婆婆作为与陈先生同居生活了二十年的"妻子"，事实上照顾了陈先生及其家人的生活二十多年，从情理上讲应享有第一顺序继承人的继承权，但法律与情理发生矛盾冲突时，必须按照法律规定办，她既然不是合法的配偶，当然就不是合法的遗产继承人。

那么，林婆婆能不能从陈先生的遗产中得到适当的分配和照顾呢？《中华人民共和国继承法》第十四条规定，对继承人以外的依靠被继承人扶养的缺乏劳动能力又没有生活来源的人，或者继承人以外的对被继承人扶养较多的人，可以分配给他们适当的遗产。根据最高人民法院有关司法解释规定，可以分给适当遗产的人，分给他们遗产时，按具体情况可多于或少于继承人。笔者认为，从林婆婆的实际情况看，她符合"继承人以外的对被继承人扶养较多的人"的条件，应当分得陈先生适当的遗产。

本案的判决结果和法律分析强烈提示，中老年人的非婚同居将面临更多的问题，因此一定要三思而后行，一定要协商、约定、处理好彼此的财产关系，对重要财产的处分决定要通过合法的书面形式进行，口头承诺没有实际意义。本案中，林婆婆作为重病在身的七旬老人，或许并无意争夺财产，只是希望能在"老伴"遗留下的房屋内安享晚年，以免流落街头，但这个愿望能否实现，最终还要取决于作为房屋所有权人的陈家子女，岂不悲哉！

维权知识

什么是事实婚姻？法律是如何规定的（二）？

在我国，事实婚姻曾经长期大量存在，在广大农村尤其是边远地区，事实婚姻甚至占到当地婚姻总数的一半以上。目前，事实婚姻的构成需要以下要件：①男女双方的同居生活始于1994年2月1日以前；②以夫妻名义进行同居；③双方 1994 年 2 月 1 日以前同居时已经具备结婚的实质要件，即双方均达到法定婚龄、自愿结婚、均无配偶且不属于直系血亲或者三代以内旁系血亲、未患有医学上认为不应当结婚的疾病。

1980 年《婚姻法》施行后，法律开始限制性承认事实婚姻。最高人民法院于 1984 年 8 月出台《关于贯彻执行民事政策法律若干问题的意见》，对事实婚姻的认定标准作出限制性解释：虽以夫妻名义同居生活，但起诉时双方或一方不符合结婚的法定条件的，作为非法同居关系处理。1989 年 11 月，最高人民法院又发布《关于人民法院审理未办结婚登记而以夫妻名义同居生活案件的若干意见》，规定 1986 年 3 月 15 日以前如果双方在起诉时均符合结婚的法定条件，则认定为事实婚姻关系；在 1986 年 3 月 15 日以后，双方如同居时均符合法定条件，也可认定为事实婚姻关系，否则都认定是非法同居。

三、摆酒"结婚"又分手 债务偿还谁负责

案情简介

2016 年 11 月的一天，湛江市某区妇联办公室来了一对年轻男女，请求帮助解决夫妻因分手产生的财产纠纷。女的名叫阿梅，男的名叫阿生，两人经人介绍相识大半年后，因情投意合就办了"结婚手续"。但这"结婚手续"只是按当地习俗由双方家庭摆酒席宴请亲友，宣布两家结亲而已，并没有去民政局办理结婚登记。

不料，两人刚刚"结婚"不到十个月就发现彼此性格不合，双方都想分手，但被"结婚"时买的一辆小汽车难住了。当时两人为买车凑了部分现金，阿生又向朋友借了 8 万元，现在两人要分手，这车该归谁？8 万元的债务由谁负责偿还？两家为此引发了纠纷。

区妇联受理了他们的请求，为双方进行调解。工作人员了解到，阿梅有固定的工作和收入；阿生则经营一间小店面，没有固定的收入，亏多盈少。在两人"结婚"后的十个月里，共同生活的主要费用基本由阿梅一人负责。现在双方闹分手了，阿生提出小汽车归自己，小店面归阿梅，购车所欠的 8 万元债务由两人平均分摊。阿梅不同意阿生的意见，她认为店面是租用的，并不属他们自己所有，且店面里也没有什么值钱的东西，不可能列出来与汽车同等分配，而且她也有固定的工作，没时间也没经验经营店铺，店铺由阿生经营最合适，建议谁要小车就由谁负责清偿 8 万元债务。

在倾听双方反映情况的过程中，细心的工作人员发现，自始至终几乎都是阿梅在讲，阿生没怎么说话，也没有否认阿梅的讲法。阿梅虽然有点激动，但也不会口出恶言，两人没有相互攻击的言行。经过工作人员再三沟通、反复分开做两人的工作，阿生才道出当初提出由两人平均分摊买车债务并不是要故意难为阿梅，而是因为"结婚"花费多，他们家确实经济困难，由他一人负担债务压力巨大，而且车是因阿梅在"结婚"时强烈要求才买的；而阿

梅则表示，想尽快结束这种烦人的"夫妻关系"，虽然觉得阿生提出的方案很不公平，但也认同阿生家庭确实困难，考虑到两人曾经有过感情，自己有固定的工作和收入，经济上比阿生宽裕一点，她愿意从人情上帮忙负担一小部分债务。

工作人员见两人较为理性了，才向阿梅和阿生讲解双方纠纷的症结所在：他们没有办理结婚登记，只是摆酒"结婚"，所形成的是同居关系，双方同居期间所负的债务不适用于合法婚姻关系存续期间夫妻共同债务的认定处理规则，但双方可以协商解决，省却走诉讼途径的花费和周折。最后，在妇联工作人员的主持调解下，双方达成了一致：一是店铺不牵涉债务，如果阿生想继续经营就由阿生经营，否则合同期满不再续约；二是小汽车归阿生，8万元的欠款由阿生负责6万，阿梅负责2万。两人表示，十分感谢区妇联的调解和帮助。

案例评析

本案中，阿梅和阿生的纠纷并不复杂。实践中，这种不办理结婚登记，只是摆酒"结婚"形成"夫妻"名义的同居关系，进而双方同居期间产生财产纠纷，前来妇联组织求助的，比较多见。基层妇联组织该如何理性应对和依法处理这类纠纷，本案有值得借鉴之处。

一是，双方当事人前来求助，是为解决问题而来的。因此，一定要想方设法让双方保持理性和情绪稳定，为开展调解工作创造良好的心理氛围和条件。本案中，阿梅和阿生选择来妇联解决问题，说明他们都已准备好要听取妇联工作人员的处理意见，心理上也预留了协商调解的余地。本案中，区妇联工作人员很好地抓住和把握了他们的这种心理状态，在做调解工作时让当事人除了讲道理，还充分讲感情，让他们在协商过程中保持心理弹性，最后省时省力地解决了双方的纠纷。当然，工作人员也可以简单告知当事人他们只是同居关系，应当就发生的债务纠纷去法院起诉。这样的解答并没有错，却可能让当事人和法院都不堪讼累，并不是最好的结果。

二是，区妇联工作人员有比较高的法律知识水平，能抓住双方纠纷的症结所在。阿梅和阿生所争议的8万元债务，是双方因为购车"结婚"才欠下的，但双方所谓的摆酒"结婚"只是同居关系而已，并没有依法办理结婚登记手续。工作人员对婚姻法的相关规定掌握得十分清楚，能明确告知当事人对此债务的认定和处理，不适用婚姻关系存续期间的夫妻共同债务规则。这对于基层妇联工作人员来说，并不是一件容易做到的事。正是因为区妇联工作人员业务水平过硬，调解工作才取得双方的充分认可。在此前提下达成协议，完结一宗纠纷，于双方当事人及背后的两个家庭，都是一件好事。

维权知识

什么是事实婚姻？法律是如何规定的（三）？

1994 年 2 月 1 日，民政部颁布新的《婚姻登记管理条例》，规定："未到结婚年龄的公民以夫妻名义同居的，或符合结婚条件的当事人未经登记以夫妻名义同居的，其婚姻关系无效，不受法律保护。"最高人民法院就此发布《关于适用新的〈婚姻登记管理条例〉的通知》，进一步明确："自 1994 年 2 月 1 日起，没有配偶的男女，未办结婚登记即以夫妻名义同居生活的，按非法同居关系处理。"即不再承认事实婚姻法律效力。

2001 年 4 月 28 日新修订的《婚姻法》施行，第八条规定："未办理结婚登记的，应当补办登记。"为此，最高人民法院于 2001 年 12 月 27 日出台《关于适用〈中华人民共和国婚姻法〉若干问题的解释（一）》，规定：未按《婚姻法》第八条规定办理结婚登记而以夫妻名义共同生活的男女，起诉到人民法院要求离婚的，应当区别对待：1994 年 2 月 1 日民政部《婚姻登记管理条例》公布实施以前，男女双方已经符合结婚实质要件的，按事实婚姻处理；1994 年 2 月 1 日民政部《婚姻登记管理条例》公布实施以后，男女双方符合结婚实质要件的，人民法院应当告知其在案件受理前补办结婚登记；未补办结婚登记的，按解除同居关系处理。

四、"结婚"三年纠纷多 讼争析产方知错

案情简介

2010 年底，家住潮州市某区的金财和胡美经人介绍认识。同年农历十二月，双方按当地习俗举办了婚礼后，未去办理结婚登记，就开始以夫妻名义共同生活。金财和胡美在"婚后"同居生活期间，共同购置了松下牌洗衣机、LG 牌液晶电视机、美的牌电冰箱、美的牌空调机和热水器等，并且以这些财物作为胡美的"陪嫁物"。由于"婚前"感情基础薄弱，性格不合，金、胡"夫妻"两人在共同生活之后经常吵架，同居期间双方都没有意愿去补办结婚登记手续，没有生育子女，也没有共同购置其他财产，双方不存在共同债权和债务。

2013 年 4 月，双方再度发生剧烈争吵，胡美一气之下便回娘家居住了，双方分居已近 1 年。为此，金财一纸诉状将胡美告上了法院，请求法院判令：双方在共同生活时购置的美的牌空调机归其所有，松下牌洗衣机、美的牌电冰箱、LG 牌液晶电视机和美的牌热水器归胡美所有；案件诉讼费由胡美承担。在原告金财看来，"夫妻"两人分手没有什么问题，官司就只是怎样分割一些家电的事了。他哪知胡美也有一肚子苦水要吐，她才是"折了佳人又破财"的真正苦主。

胡美答辩称：2010 年 12 月底，原告按农村习俗以较高规格把胡美娶回家，胡美母亲购置了金手链、金耳环等金首饰及电冰箱、电视机等家用电器作为嫁妆，共计人民币 5 万元；同居期间胡美又向生母借款 20 000 元，用于购置共同生活用品；2011 年 2 月，原告因发生交通事故向胡美生母借款 5 000 元，原告应予偿还。此外，原告在迎亲摆酒当日送给胡美娘家聘金 68 000 元，随后又以家里买小汽车资金不足为由将 68 000 元聘金拿回去；胡美还另交给原告金财保管 10 只金戒指，共价值 50 000 元。胡美还提出，自嫁入"夫"家起，就在"夫"家工厂里做工理事，在三年时间里没有拿过分文薪金，而厂

里其他员工每月的工资为 6 000～7 000 元。

胡美愤怒地指责原告，金财不仅不感激她在"夫家"的无偿奉献，还视胡美为仇敌，在其家人的挑拨、纵容、唆使下对胡美百般辱骂，经常实施家庭暴力。2013 年 4 月某日，原告狂性发作，拿起水管把胡美往死里打，致她多处软组织受伤，现仍在服药治疗。原告金财的行为导致胡美身心遭受严重创伤，精神受到严重打击，出现重度精神官能症状。

据此，胡美认为人民法院应当依法查明事实，保护她作为受害者的合法权益，还其一个公道。因而，请求依法判决：原告归还胡美母亲各项物品折合现金 78 200 元；归还胡美 10 只金戒指价款 50 000 元；支付胡美三年劳动基本工资 24 万元；支付胡美后续治疗费 20 万元。

法院开庭审理此案时，双方在法庭上唇枪舌剑，各不相让。法庭经审理查明：原、被告确于 2010 年底按当地农村习俗举行婚礼后同居生活，胡美在举行婚礼时按农村习俗购置了家用电器及部分金首饰作为陪嫁物，但她无法提供完整的票据，故购置金首饰的部分事实无法认定；胡美主张的其他赔偿的数额，无相应的证据证实；胡美确实也曾在原告家的工厂做工理事，没有领取工资报酬。法庭认为，鉴于胡美与原告因缺乏法律意识，没有办理结婚登记及生育子女，依法只能就其双方同居期间的财产纠纷作出判决。胡美难以提供有效证据来证实双方存在共同财产，但只对上述家用电器及金首饰进行分割，明显对胡美不公。此外，法庭还认为，胡美因与原告同居的感情纠纷精神受到较大刺激，庭审及调解期间均可看出，其精神不如一般正常人。

主审法官为使胡美能够得到更合理的财产分割份额，切实保护她的权益，先后多次组织双方进行法庭调解。最后，双方当事人在法庭主持下达成如下调解协议：同居生活期间购买的家用电器等归原告所有；原告金财一次性补偿被告胡美人民币 55 000 元，同时将胡美母亲送给原告的一枚"赏面"戒指返还给胡美，并当庭履行；胡美不得就双方同居关系存续期间所涉财产纠纷，再向原告金财主张任何权利。

案例评析

在外人看来，大张旗鼓地宴客和举行隆重热闹的婚礼，当然是两家结亲嫁娶的大喜事，哪知道，这只是没有办理结婚登记、没有婚姻法律效力的一场"结婚"闹剧。于是，当初琳琅满目的嫁妆和礼金，如今成了同居双方纷争不止的财物，金家是"赚了热闹赔脸面"，胡家是"折了佳人又破财"，双方都成了有苦难言的苦主。这就是本案的基调，很值得大家引以为戒。

从法律上说，本案是一宗同居双方析产纠纷案件。中华人民共和国最高人民法院《关于适用婚姻法若干问题的解释（二）》（以下简称《婚姻法解释（二）》）规定，未婚同居的当事人发生纠纷，起诉请求解除同居关系的，人民法院不予受理；但当事人因同居期间财产分割或者子女抚养纠纷提起诉讼的，人民法院应当受理。本案中，金财与胡美未办理结婚登记手续取得结婚证，他们只是按习俗办婚礼"结婚"，随后的共同生活，在法律上就是未婚同居。而且，两人在法院受理案件前未补办结婚登记，故本案应是"同居期间财产分割纠纷"，即同居析产案。

实践中，此类案件的审理存在以下几个难点：一是财产认定难。大多数当事人对同居关系存续期间的财产归属问题，既无书面约定，也很难提供有效的权属证据，因此很难分清争议财产是个人所有还是共同共有。而且，在解除同居关系时，一方往往设法转移本属于双方共有的财产，更加大了分割财产的难度。二是调解结案难。一方面，当事人因难以提交证明财产属于个人所有的证据，给案件调解带来一定的难度；另一方面，此类同居的双方当事人关系恶化后，往往还牵涉双方家庭的利益纷争，很难达成一致的财产分割协议。有些当事人在同居期间生育了子女，在处理析产纠纷的同时还要处理小孩的抚养问题，所涉及的人身、财产关系更为复杂，调解难度更大。本案中，被告胡美一方就提出原告方应当分割家电、金戒指等财物数十万元，还要求支付其劳动报酬，却又不能充分举证，法庭因此不可能完全支持其请求。本案调解难度很大，法庭最终能让双方照顾对方利益作出合理让步，达成调解协议，实属不易。

结婚本来是法律行为，但"不重法律重习俗""不办登记办婚礼"的现象仍在一些地区存在，本案对生活在这些地区的人们很有教育意义。那些准备结婚的人们务必要清醒，结婚是一项重要且严肃的人生法律行为，应当依法行事，否则后果不可把握。而那些已经"结婚"同居未领结婚证的人们，要及时补办登记手续，在同居期间要将双方共同所得的收入和购置的物品列清单、搞清楚、留凭证，因为一旦发生纠纷，这些财物按一般共有财产处理，一方在同居生活之前自愿赠与对方的财物，则按照赠与关系处理。

维权知识

未婚同居的财产关系，法律有哪些主要规定（一）？

现实生活中的非婚同居关系比较复杂，仅从当事人婚姻状况来看，可分为未婚型同居、单婚型同居、双婚型同居。目前法律对不同类型的同居关系有不同的规定，此处介绍未婚型（即双方当事人均无配偶）同居财产关系方面的主要规定，仅供参考。

一是性质和范围。未婚同居期间的财产关系，在法律性质上是一般共有关系，不同于合法夫妻关系的共同共有。同居生活期间双方共同所得的收入和购置的财产是共同财产，由双方共同管理、使用、收益、处分。其范围主要包括工资奖金、生产经营收益、知识产权收益等。认定双方共同财产必须具备以下两个条件：一是，必须为同居期间所得的财产，同居以前一方所得的财产，解除同居关系后一方所得的财产，以及一方死亡后另一方所得的财产，都不属于共有财产。二是，必须依法归双方共同所有的财产，法律规定归一方所有或者双方约定归各自所有的财产，不属于共同财产。

五、"妻"已厌倦提分手 "夫"却耍赖要补偿

案情简介

阿珍现年 49 岁，家住揭阳市某区。1999 年初，阿珍经人介绍认识了男方，货车司机老张，两人也算是一见钟情了，相识仅三个月就以夫妻名义开始了同居生活，但同居以来没有生育子女。起初，两人在汕头乌桥工作并租房住，后来回到揭阳生活，住在阿珍于 1995 年 10 月独立购买的某花园套房里。2001 年，老张离开揭阳前往东莞打工，阿珍就在揭阳与东莞两地来回跑。2006 年至 2007 年两年间，老张一直失业，待在家无所事事，阿珍不得已做起了摆地摊、卖衣服等小生意来自谋生路。长期的同居生活并未使双方的感情日益牢固，反而使得两人经常因生活琐事纷争不止，彼此厌恶，感情破裂，以至于自 2013 年底起双方分房而居。

2014 年 5 月初，厌倦了这种同居生活的阿珍，以双方性格不合、缺乏共同语言无法沟通为由，与老张协商解除双方的同居关系，要求老张搬离自己的房屋，结束共同生活。但老张态度蛮横，一口拒绝了阿珍的要求，他不仅不同意搬走，反而提出要阿珍补偿他作为"丈夫"和她多年同居生活的损失。阿珍觉得，房子是自己个人所有的，两人你情我愿地过了这么多年同居生活，自己根本不欠老张什么，他有什么理由要求补偿？但老张开始耍赖了，赖在阿珍的房子里始终不肯搬走，急眼时还出手殴打阿珍，甚至反客为主将她赶出门，自己独占了房屋。阿珍激愤不已，多次打 110 报警控告老张非法侵入住宅，但警察最终都以双方是家庭纠纷为由不予受理。为此，阿珍多次到公安、检察院、信访局等部门上访，但因诉求不符合法律规定，难以得到有关部门的答复。

事情得不到解决，阿珍吃不下饭睡不着觉，精神恍惚，于是来到广东省妇女维权与信息服务站（揭阳站）哭诉求助。服务站工作人员热情接待了阿珍，耐心倾听，百般安慰，使她激动的情绪稳定下来。工作人员在全面详细

地了解了阿珍的情况和诉求后，向市妇联领导报告了此案，妇联权益部十分重视，要求想方设法全力维护阿珍的合法权益。

维权站工作人员安排驻站志愿者律师为阿珍提供服务。律师首先分析解答了阿珍的疑问：双方自 1999 年开始同居，不构成事实婚姻；同居生活是两人自愿自主的选择，未生育孩子，不存在一方要给予另一方补偿的法律义务；房子是同居前阿珍购置的，应当认定为她个人财产，但同居期间双方共同购置的家具、日用电器等物品是双方共同财产，可以分割；老张是基于同居关系在阿珍的个人房产居住的，不构成非法侵入住宅。

接着，律师多次指导帮助阿珍收集了购买房屋的房产证明、收款收据等相关证据，为阿珍代书了民事起诉状和举证清单，指导她到揭阳市某区人民法院起诉老张。2014 年 10 月，某区人民法院以同居关系共同财产分割为由受理了案件。为防止老张转移财产，律师又为阿珍拟写了一份调查核实申请书，请求法院调查核实同居期间双方共同购置的家具、日用电器等物品。后来，不出所料，老张在接到法院传票不久，将大部分物品搬出房子转移他处。2015 年 1 月，某区人民法院对此案作出判决：老张支付阿珍共同财产折价人民币 4000 元。判决后，老张搬出了阿珍的房屋，阿珍终于通过法律途径维护了自己的合法权益。

案例评析

本案是一宗比较典型的长期同居关系引发财产纠纷的案件。阿珍老张两人同居十几年，在外人看来，除了没有生育子女之外，与普通的夫妻关系无异。但是，因为没有办理结婚登记，双方并不具备合法的夫妻身份关系，处理双方共同生活中发生的矛盾纠纷，就不能完全照搬人们熟知的套路了。

本案中，当事人阿珍自己并不认同两人是夫妻关系。因此，她对老张索要分手补偿、住着自己的房子还敢动手施暴的行为悲愤难抑，诉说自己的遭遇时泪流满面，泣不成声。但另一方当事人老张就完全不同了，他认为自己和阿珍同居了这么多年，理所当然地拥有了一定的权利，因此，他甚至敢独占房子将房主赶出门，敢将大部分财产搬走。可见，即使对于同居纠纷的当事人来说，也不一定能够理解和接受同居性质不同于婚姻性质的事实，也难以将同居纠纷与夫妻纠纷区别开来。幸好，阿珍得到了维权站工作人员和志愿者律师的大力帮助，最终摆脱了被同居男方无赖纠缠却束手无策的困境。

本案也给那些已经陷入同居纠纷的人一定的启示：一是，同居关系处于

"灰色地带"的性质，不会因为同居持续时间长而改变。现有法律对同居关系的规范和调整，还较为笼统模糊，还不能充分保障当事人的合法权益。因此，应当提升自己的维权意识和自我保护能力。二是，发生矛盾纠纷后要找准维权的正确路径。阿珍来维权站求助之前，多次到公安等部门上访，但因不符合法律规定难以得到有关部门的有效帮助，问题得不到解决，最终还是妇联维权站为她提供了专业救助。阿珍能维权成功，显然得益于维权站专业人士的帮助和指导。

维权知识

未婚同居的财产关系，法律有哪些主要规定（二）？

二是同居财产分割。同居关系的财产分割不同于合法夫妻的财产分割，同居关系中的财产是谁出资、登记在谁的名下就认定是谁的，另一方不同意就必须拿出充分证据反对。夫妻关系存续期间一方所购财产均属于夫妻共同财产，除非双方对财产的归属有约定。因此，法院审理同居关系分割财产纠纷案件的基本原则是：同居生活期间双方共同所得的收入和购置的财产，按一般共有财产处理，同居生活前，一方自愿赠送给对方的财物可比照赠与关系处理。在具体分割财产时，应照顾妇女、儿童的利益，考虑财产的实际情况和双方的过错程度，妥善分割；分割财产时，应当确认每一项财产的产权，即搞清每一项财产应该属于谁。

六、"再婚"求子梦破灭　男施拳脚女悲催

案情简介

小琼和亚基是茂名市某区村民，两人年过三十，均已丧偶，也都有再婚的打算。2012年8月，两人因机缘凑巧得以相识，彼此觉得对方合适，便于当年年底在农村老家按成亲习惯过彩礼、宴宾客、拜堂"结婚"了，却没有想着要去办理结婚登记领取结婚证。此后，两人以夫妻名义一起共同努力经营生意，在茂名城郊某小区购置了一套房，日子渐渐有了起色。然而，两人想要生育一个孩子的愿望，却一直没有成功实现，"夫妻"感情因此也慢慢冷却了。

小琼为了怀上孩子，四处求医问药，相信各种偏方能助其生子而胡乱服用，对身体造成了不小的伤害。亚基眼见怀孕无望，求子心思也不再放在小琼身上，又在外面认识了比小琼健康年轻的女子。亚基回到家里，对小琼横挑鼻子竖挑眼，生活上稍不顺心就朝她发泄，进而对她拳脚相加实施暴力。小琼因为自己没能生育孩子而愧疚，就默默忍受着亚基的无理取闹，心里苦不堪言。

2015年的某一天，小琼发现自己月经不至，怀疑自己已经怀孕，心中暗暗高兴。一段时间后，小琼告诉亚基自己可能怀上了孩子，两人怀着兴奋心情到医院检查。不料，医生检查诊断的结果竟然是小琼宫外孕，必须做手术，否则性命难保。这一纸诊断书意味着两人"再婚"生子梦彻底破灭了，两人都灰心至极。小琼手术后第二天，狠心的亚基就借故离开了医院，再也没到医院照顾小琼。但让小琼更寒心的事还在后面等着她，她出院回家后发现亚基已经把门锁换掉，她的衣物及生活用品也都被丢弃在门外。小琼愤怒至极，找到亚基大吵大闹，亚基虽然自知理亏但又觉得被小琼闹得很没面子，就对小琼大打出手。

小琼伤病交加悲痛欲绝，无奈之下来到广东省妇女维权与信息服务站

（茂名站）求助，希望妇联维权站能帮助她起诉亚基，解除"婚姻关系"，脱离苦海。维权站工作人员既十分同情小琼的遭遇，也不客气地批评她的糊涂：你是结过婚的人，应当知道没有领结婚证的不算是夫妻关系，办酒席"结婚"不作数，你们虽然长期以夫妻名义同居生活，但不受婚姻法保护。

工作人员针对小琼的诉求和实际情况，对她进行了普法教育：一是，小琼和亚基均无配偶，双方是未婚同居行为而不是"事实婚姻"，根据《婚姻法》相关司法解释规定，她若起诉亚基请求解除同居关系，人民法院将不予受理，因此她去法院起诉"解除婚姻关系"的想法不可行。二是，小琼可以要求亚基分割双方的共同财产，如他不同意就向法院起诉，因为《婚姻法》相关司法解释规定，当事人因同居期间财产分割纠纷提起诉讼的，人民法院应当受理。三是，亚基殴打小琼是家庭暴力行为，在还没有结束同居关系前的这段时间，若再发生这种事情要向外界求助，及时打110报警，或者向法院申请人身保护令，制止亚基施暴。

经过工作人员一番辅导教育，小琼认识到自己法律意识太薄弱，希望维权站能帮助她维护自己的合法权益。工作人员为小琼代书了一份起诉书，又帮助她到法院立案，并指导帮助她应对诉讼全过程。三个月后法院作出判决，包括一套房产在内的两人同居期间购置的财产，是双方共同财产，按每人一半份额予以分割。

案例评析

本案中，最令人困惑不解的问题恐怕是两位当事人的选择。两人都不是未结过婚的年轻人，既然有缘分相遇愿意再婚，且都是奔着过正常的生儿育女的婚姻家庭生活而来，为何不去办理结婚登记？实际上，在一些仍然以陈规民俗作为婚嫁的规矩、村民法律意识薄弱的农村地区，关于"结婚"或"夫妻关系"具有效力与否，有时候民间习俗的认可度实际上超过了法律的认可度。本案中，小琼若是正常怀孕生育了孩子，也许这宗纠纷案就不会发生了。也就是说，依法去办理一道结婚登记手续，在她和亚基眼里并不是非要不可的，他们并没考虑未办结婚登记的"夫妻关系"的同居生活一旦发生了纠纷变故，将对双方产生什么不利的后果。在一些结婚注重习惯民俗、法律意识薄弱、不重视办理结婚登记的地方，有许多"已婚"妇女的合法权益无法得到法律保障，维权工作也增加了难度。因此，加大力度送法进基层、提高群众法律意识显得尤为重要。

本案所涉及的主要法律问题，一是亚基和小琼未登记就以夫妻名义同居生活是不是"事实婚姻"；二是亚基对小琼的施暴行为是不是家庭暴力；三是法院为什么会判决同居期间共同购置的财产一人一半。对于第一个问题，最高人民法院相关司法解释已经有明确规定，自 1994 年 2 月 1 日国家民政部颁布新的《婚姻登记管理条例》后，再以夫妻名义同居生活的不以"事实婚姻"处理，即法律不再承认新出现的"事实婚姻"。对于第二个问题，2015年颁布实施的《反家庭暴力法》第三十七条规定，同居关系发生家庭暴力的，依照本法规定处理。所以，虽然同居关系不受婚姻法保护，但是同居者之间的暴力行为就是违法的家庭暴力行为，并且要依据法律对施暴人予以惩戒惩罚。至于第三点，因为同居生活期间双方所共同购置的财产，按一般共同共有处理，原则上分割时各占一半。本案中，小琼尽管争得了一半同居财产，但她遭遇的伤害却是难以弥补的，令人同情，也让人"哀其不幸，怒其不争"。这也提示我们，帮助基层妇女群众学法、懂法、用法，既十分重要也任重道远。当然也提醒大家，在自己的利益受损之前加以防护，胜过合法权益被侵犯后的努力弥补。

维权知识

未婚同居的财产关系，法律有哪些主要规定（三）？

三是产权确认。未婚同居的双方开始同居生活后会共同购置一些财产，如家具、电器、房产、汽车等，或者共同拥有一些财产，如存款、股票、期货、债券、艺术品、古董、名贵宠物花卉等。在共同购置或者拥有以上财产时，如果双方当时没有做出任何约定，从理论上讲应该这样确认产权：以谁的名义登记、落户的，产权就归谁；如果不需要登记的，原则上由谁购买、使用、照顾、保管，产权就归谁。

四是证据要求。双方发生争议时，未婚同居的一般共有的认定需要有明确的证据，不能直接推定为共有，即除非有证据证明争议财产是同居双方共同出资购置，否则，只能认定归个人名下的那一方所有。这与合法婚姻的夫妻共同共有的证据要求不同，在没有约定财产归属的情况下，夫妻任何一方个人名下的财产，都可以推定为夫妻共同财产。

七、"丈夫" 无赖死纠缠　"妻子" 无奈给补偿

案情简介

小岚今年35岁，2006年6月与邻镇的阿伟（现年42岁）相识相恋。同年9月，两人未办理结婚登记就按当地农村习俗举办了婚礼，以夫妻名义共同生活。两人"结婚"后不久，小岚就发现"丈夫"阿伟性格多疑、粗暴懒惰、嗜赌嗜酒，为此两人经常发生争吵，生活过得十分苦闷。

2007年6月，小岚生育了女儿小怡。阿伟重男轻女的思想非常严重，责怪小岚生的是女儿，经常找茬对她打骂。阿伟平常靠打零工生活，偶尔赚了点钱后也不给小岚母女一点生活费，全都喝光和赌光，小岚基本上是靠娘家兄弟姐妹接济维持生活。小岚曾多次提出"离婚"，但阿伟却不肯分手。小岚曾去法院起诉"离婚"，但因没有补办结婚登记，被法院依法以双方是同居关系为由不予受理。

2009年8月，失望至极的小岚带着女儿来到广州投靠姐姐，将女儿交给姐姐帮忙照顾，她到亲戚的商铺打工，靠每月赚的2 000元维持母女的生活。尽管小岚已经离家了，但阿伟依然纠缠不休，找到广州来要小岚跟其回家，小岚不从就又打又骂，要小岚给钱。小岚为息事宁人就给了他一些钱，但阿伟从此像领工资似的，每个月都来找小岚要钱，不给则大吵大闹，甚至悄悄带走女儿。小岚为了不影响亲戚家的生意和家人的安宁，便每次都给他一些钱。为消除阿伟要钱生活的借口，小岚出面让亲戚帮忙为他找了份工作，但阿伟没干多久就嫌辛苦辞职回了茂名乡下的老家。此后，每隔一段时间他就以看望女儿为借口，到广州找小岚要钱，小岚不胜其扰却又束手无策。

2013年8月，为了方便女儿上学和照顾卧病在床的父亲，小岚带着女儿回到了娘家。在兄弟姐妹的资助下，小岚将女儿送进了当地一所寄宿学校，在家专心照顾瘫痪的父亲。然而，这种平静的日子没过几天，阿伟又找上门来撒泼要钱，还动手打小岚及其女儿，并对小岚父母破口大骂，还打烂了小

岚父母家的大门。从此，阿伟简直就成了一个标准的流氓无赖，向小岚要钱不果，就多次跑到女儿的学校大闹，既伤害了女儿幼小的心灵，又影响了学校正常的教学秩序。小岚时时在想，她这么多年来饱受阿伟纠缠折磨，就是因为自己当初糊涂"嫁"给了他，难道这个结果要跟着她一辈子？她就再也不能挽回错误了吗？

小岚感到绝望伤心，在别人指点下她于2014年9月来到茂名市某区妇联求助，希望妇联能帮她解除与阿伟的同居关系，并声称如果再摆脱不了阿伟的纠缠，她打算和他同归于尽。区妇联权益部工作人员高度重视，积极救助濒临崩溃的小岚。当日，工作人员慢慢疏导小岚的焦虑情绪，让她建立信心，放弃同归于尽的极端想法。

第二天，工作人员到阿伟所在街道走访调查，了解到阿伟目前与其父亲生活，性格粗暴，经常辱骂父亲，是好吃懒做又好赌之徒。依据所掌握的双方具体情况，工作人员评估此案单靠妇联恐怕难以开展调解工作，于是由区妇联牵头，召集街道妇联、司法所、派出所、综治办和社区共六个单位的领导召开联调工作会议，确定调解方案。先由社区干部找阿伟谈他的诉求，阿伟称小岚要支付他10万元补偿，否则一切免谈。区妇联工作人员认为，对阿伟这种无赖仅讲清理法不会有什么效果，他最近欠了赌债正狗急跳墙，建议小岚抓住这个时机同意给他一些钱来换取女儿的抚养权。

取得小岚同意后，联调小组决定由派出所传阿伟到司法所进行联合调解。阿伟态度相当恶劣，见到小岚就破口大骂，甚至要动手，调解小组制止了他，说明传他来的目的。阿伟态度强硬，称小岚不支付他10万元就不会放过她，还要去学校接走女儿，让她以后都见不着。调解小组经过2个小时攻心工作，阿伟有所松口，但依然坚持索要5万元的分手费，小岚哪里能承受得了这高额的"分手费"！对此，工作人员出示了女儿小怡的亲笔信、小岚的报警记录等证据，证实他曾多次实施家暴和孩子因此害怕而不愿跟他生活的意愿。同时，司法所严肃告诫阿伟，他和小岚的"婚姻关系"不受法律保护，他的所作所为特别是多次向小岚索要钱的行为已涉嫌犯勒索罪，凭这些证据公安机关可以立案侦查追究他的刑事责任；派出所也当场警告阿伟，如果再去纠缠小岚实施家暴，将对他进行治安处罚，或者以涉嫌犯敲诈勒索、赌博罪对他立案侦查并刑事拘留。阿伟显然没有想到他的行为严重触犯了法律，态度也软了下来。妇联工作人员趁机规劝，小岚念在他是孩子父亲的份上，愿意给他5 000元帮助他渡过目前的经济困难，希望他见好就收，不要再与法律作对。

最终，联调小组让阿伟认识到了自己的严重过错，同意接受5 000元补偿解除同居关系，女儿由小岚监护并承担抚养费，今后不得以任何理由打扰和干涉小岚母女的生活，直到女儿18岁成人。双方达成调解协议，并在区妇联、街道妇联、司法所、派出所、综治办、社区六方见证下在协议书上签了字。至此，困扰小岚多年的这宗同居纠纷案终于成功解决了。

案例评析

一宗旷日持久、险些酿成悲剧的同居纠纷，在区妇联组织和各方基层部门的努力下，终于通过调解案结事了。"妻子"小岚从此摆脱了"丈夫"阿伟的日夜纠缠，女儿也能平静上学平安成长了。茂名某区妇联组织的工作非常给力，其成功经验也很值得借鉴。

首先，要充分了解掌握纠纷当事人的详细信息，有针对性地制订好调解方案。本案中，工作人员深入男方阿伟所在社区调查他目前的生活、经济、为人等方面具体情况和信息，了解到阿伟好吃懒做又好赌，是一个连亲生父亲都会经常辱骂的粗暴蛮横之徒，这对随后拿出有针对性的科学调解方案十分关键。妇联组织在此基础上对此案的调解困难指数做了客观评估，做到了心中有数，对化解这起复杂的纠纷起到了事半功倍的成效。

其次，要善于借势借力借平台，请求有关职能部门联合调解。此案中，男女双方"结婚"同居之后不久就产生纠纷，持续时间长，矛盾冲突激烈，单靠妇联工作人员的三寸不烂之舌是难以解决的。区妇联对此既不畏难也不蛮干，而是出面牵头，召集街道妇联、司法所、派出所、综治办和社区共六个基层部门和单位召开联调工作会议，利用综治信访维稳中心这个平台通力合作，大大提升了化解矛盾纠纷的能力和效率，法、理、情三管齐下，让男方认识到其行为背德违法的实质和后果，使调解过程向有利于女方合理诉求的方向发展，最终有效地解决了矛盾。当下，婚姻家庭问题不少，同居、家暴、财产、抚养、赡养、继承等纠纷经常发生，纠纷一方的女性当事人多数都会选择到妇联组织反映诉求寻求救助。妇联组织必须善用、调动和依靠相关职能部门的职能进行有效的调解工作，更人性化、有效率地帮助妇女儿童，维护弱势一方的合法权益。

本案还有一个显著的特点，就是男方一再坚持向女方索要10万元巨额补偿后以女方愿意给他5 000元结案。仅从法律上说，这是找不到法律依据的，法律并没有规定男女双方解除同居关系时，一方可以要求另一方给予经济补偿。对于双方同居期间的财产纠纷，处理原则是按一般共有关系分割，对于非婚生子女的抚养监护权及抚养费纠纷，则按《婚姻法》关于父母子女关系的规定处理。那么，如此解决有无合法性问题？答案应当是不存在合法性问题，同居关系没有法律效力，但发生同居纠纷的双方当事人可以通过自行协商或调解，对财产及子女问题自愿达成协议，只要不违反法律强制性规定，该协议就是有效的。

维权知识

同居期间的债权债务如何处理？

实践中，关于同居期间的债权债务处理，有专门规定的依专门规定，没有专门规定的一般是参照《婚姻法》的规定处理。因此，双方解除同居关系时，对同居期间为共同生产、生活而形成的债权债务，应当按共同债权、共同债务的规定和法理来处理。解除同居关系时，双方同居期间有关于财产、债务约定的，从其约定；无约定的，由双方协议；协议不成的，由人民法院根据债权债务的具体情况，按照顾子女和女方权益的原则判决。

为此，笔者建议，当事人应当慎重考虑选择同居的理由及利弊，如果决定选择非婚同居，那么双方应当订立"非婚同居协议书"，以契约的方式约定同居期间双方的权利义务，以便在产生纠纷时有据可依。协议内容可以包括：双方在同居期间对个人财产的约定；对自己购买的物品留好相关的证据；对于双方共同出资购买的物品有纪录；专属于一方的物品要有清单并保存好。

八、残疾女丧"夫"失子　赔偿金该谁申领

案情简介

　　阿霞，33 岁，言语一级残疾，梅州丰顺县人。2006 年初，阿霞经人介绍与同镇的阿添相识，并按当地农村风俗定亲。当年农历十二月某日，两人摆酒席"结婚"后，就一直以夫妻名义同居生活。2012 年 1 月，阿霞生育一子小波，但双方一直未补办结婚登记手续。2013 年 11 月某日，阿添在为丰顺县某镇的李家建造房屋时因发生工伤事故不幸死亡。事发 5 天后，经某镇人民调解委员会调解，李家与阿添母亲、阿添胞兄、阿霞及阿霞母亲达成一致协议，由李家一次性补偿死者家属抚恤金、精神赔偿金和子女抚养费等一切费用人民币共 385 000 元。双方达成协议后，李家把该款存入阿添胞兄的账户。

　　事后，阿霞多次要求阿添母亲、阿添胞兄将其应得的死亡赔偿款项归还，但对方却一直不愿意归还。但不幸又接踵而来，2014 年 6 月某日，阿霞儿子又因病死亡。阿霞伤痛不已，婆家人却仍然无动于衷。在旁人指点下，阿霞前来县妇联求助，请求帮助争回属于她的那些赔偿金。县妇联决定全力救助可怜的阿霞，为她申请了法律援助，通过法律途径来维护她的合法权益。同年 9 月，阿霞向丰顺县人民法院提起诉讼，请求判令阿添母亲、阿添胞兄返还其儿子的抚养费以及母子二人名下应得的死亡赔偿金、精神损害赔偿金份额。

　　法院受理案件后，担任人民陪审员的妇联干部参与了案件的陪审。法院办案人员多次依法定程序协调沟通，被告方仍拒不到庭参加诉讼，也不向法庭提交相关证据。法庭经审理，查明阿霞的"丈夫"阿添因工伤死亡，李家一次性给付了死者家属死亡赔偿金等共计385 000 元。法庭依法认定，此款不属于阿添死亡前的个人合法财产，也就是说该笔赔偿金不属于阿添的遗产，但可以参照继承法的相关规定进行分配；原告阿霞与阿添未办理结婚登记手续，不是合法夫妻关系而属同居关系，其本人不是法定赔偿权利人，无权参

与该笔死亡赔偿金的分配。因此，在扣除必要的丧葬费用支出后，依照我国法律的相关规定，该笔死亡赔偿金应由原告阿霞与死者阿添的非婚生儿子、阿添母亲作为第一顺序继承人各分得50%。阿霞儿子去世后，其应得的份额属于其遗产，由其生母阿霞作为第一顺序继承人继承。综上，法院作出一审判决：扣除必要的丧葬费用支出后，被告阿添母亲、阿添胞兄应从385 000元款项中，支付给原告阿霞162 827.5元。被告二人均不服，上诉至梅州市中级人民法院。二审法院经审理后认为，一审判决认定事实清楚，适用法律正确，判决维持原判，驳回上诉。

案例评析

本案中，阿霞作为一宗同居关系纠纷案的当事人，身为重度残疾女子，丧"夫"又失子，原以为顺理成章该得到的补偿金被"婆家"拿着，通过司法途径维权之后也只能得到其中的一部分。这是因为未办理结婚登记，两人的"结婚"其实是同居关系，令人悲哀。

本案纠纷处理所涉的法律问题，主要有三方面：

一是，阿添因工伤事故死亡，其家属获得的死亡赔偿金是否属于遗产。所谓遗产，指的是自然人（公民）死亡时留下的属于其合法所有的财产。从法理上讲，自然人死亡之后即不再是民事权利义务法律关系的主体，不可能再通过民事活动去取得合法财产。所以阿添死亡后责任方给付的死亡赔偿金，是对死者阿添家庭整体预期收入损失的赔偿，其性质是财产损害赔偿，并不属于遗产。依据法庭查明的事实，李家一次性补偿死者家属的死亡赔偿金385 000元，就是对阿添家庭损失的赔偿，应由他的家属取得和分配。

二是，对此笔死亡赔偿金享有分配权的权利主体范围，即家属中谁可以参与分配。实践中，一般是参照《继承法》关于法定继承的相关规定来确定分配死亡赔偿金的赔偿权利人，权利人的范围限定在与死者生前共同生活的家庭成员和近亲属。同时，这些权利人也是比照《继承法》关于法定继承的顺序确定。第一顺序继承人为配偶、父母、子女，第二顺序继承人为祖父母、外祖父母、兄弟姐妹。没有第一顺序继承人时，才由第二顺序继承人参与分配。本案中，阿添死亡时其合法第一顺序继承人，起初看起来包括原告阿霞、阿添非婚生儿子、阿添母亲，但是，原告阿霞与阿添未办理结婚登记手续，属于同居关系，原告阿霞不是他的合法配偶，也就不是法定赔偿权利人，自然就无权分配死亡赔偿金。至于阿添胞兄，因为他属于第二顺序继承人，也不能参与分配。

三是，阿霞最后分得一部分阿添死亡赔偿金的法律依据。根据《婚姻法》规定，非婚生子女与婚生子女的法律地位同等，阿添和阿霞的儿子作为阿添的第一顺序继承人，不受两人未取得合法夫妻关系的影响。因此，阿霞儿子死亡前即已经依法享有分配阿添死亡赔偿金的权利，赔偿金未分配并不影响孩子的法定权利。阿霞儿子于2014年6月某日因病去世，其所能分得的那部分赔偿金就属于其遗产，其第一顺序继承人只有生母阿霞。阿霞作为非婚生儿子的法定继承人，故而分得阿添死亡赔偿金的一部分。

综上，本案中最值得注意的是：同居关系中一方死亡，另一方不能以近亲属的身份行使死亡赔偿金请求权，但同居双方的非婚生子女在法律上享有与婚生子女同等的权利和义务。

维权知识

什么是法定继承？法定继承人的范围如何确定？

法定继承，是指由法律直接规定继承人的范围、继承顺序、遗产分配原则的一种继承方式，又称为无遗嘱继承，即被继承人没有留下遗嘱或遗嘱无效的继承。

所谓法定继承人是指依照法律规定，有权继承被继承人遗产的被继承人亲属。根据我国《继承法》的规定，其范围包括被继承人的配偶、子女、父母、兄弟姐妹、祖父母和外祖父母。在所有前述法定继承人中，我国《继承法》又分别将其划入不同的继承顺序，配偶、子女、父母是第一顺序的法定继承人，兄弟姐妹、祖父母和外祖父母是第二顺序的法定继承人。有第一顺序继承人存在时，遗产由第一顺序的继承人继承；没有第一顺序继承人或第一顺序继承人全部放弃或丧失继承权时，第二顺序继承人才能继承被继承人的遗产。此外，作为继承人的子女，根据我国《婚姻法》规定，包括婚生子女、非婚生子女、养子女和有抚养赡养关系的继子女。

九、顺父母相亲"结婚"　闹分手纷争"彩礼"

案情简介

　　小泽是家里的独子，今年 22 岁。三年前，小泽高中毕业后跟随父母从湖南老家来到东莞常平工作生活。一年多前，父母觉得孩子年纪不小了，就计划给他找个媳妇。恰好那时，阿芳的父母与小泽的父母结识了，大家都是来东莞寻求发展的湖南同县老乡，互相感到格外亲切，短暂交往后便坦言彼此的心事，一方想给儿子找个贤惠的媳妇，一方想给女儿寻个可靠的婆家，双方一拍即合，迅速安排了两位年轻人相亲。

　　相亲过后，两家父母便定下了小泽和阿芳这对年轻人的婚事。尽管小泽极力反对这门婚事，但也无济于事，小泽父母根据老家的习俗向阿芳父母交了定亲彩礼后，便开始积极张罗婚事，花了不少钱之后，双方家长邀请亲朋好友在老家为小泽和阿芳举办了婚礼。由于两人都没有达到法定结婚年龄，也就没有去办理结婚登记手续。就这样，并不心甘情愿的小泽和对此无所谓的阿芳成了名义上的"夫妻"，过上了没有感情基础的同居生活。然而，这对年轻人的"婚姻"生活，没有朝着两家父母所期望的良好方向发展，双方年轻气盛，又缺乏感情基础，同居生活开始不久就磕磕碰碰，半年之后就经常争吵打闹，两人都无法感受到"婚姻"带来的幸福，反而觉得"婚姻"成为自己追求幸福的最大束缚。小泽和阿芳都不想再这样过下去了，都分别向各自父母提出要分手。双方父母也终于意识到，不能再勉强这对年轻"夫妻"过下去了，但是在归还"彩礼"的问题上产生了分歧：男家称自己儿子不能人财两空，女家说女儿都"嫁人过门了"，哪里还有"彩礼"可退。双方家庭为此争吵不止，甚至大打出手。小泽和阿芳也因此卷入"战争"中，小泽对阿芳实施暴力，阿芳无法忍受就打 110 报警了，小泽被警方警告并拘留。

　　小泽父亲焦头烂额，情急之下向常平镇妇联求助。常平妇联派社工及时跟进介入，争取双方和平协商解决纠纷。原来，小泽父母认为当初给付了

"彩礼" 2 万元才成亲的，如今双方既然要分手了，"彩礼" 就应该返还。阿芳父母则认为，两人已一起生活将近一年时间，阿芳也付出了很多，不可能返还 "彩礼"，最终酿成暴力冲突。在社工的引导和沟通下，小泽和阿芳都认为双方已经努力挽救和改变了，但价值观和性格相差太大，决定分手。妇联社工让双方平静下来，耐心细致地向他们讲解了有关法律对 "彩礼" 的规定。根据《婚姻法解释（二）》，当事人请求返还按照习俗给付的彩礼，如果双方未办理结婚登记手续，人民法院予以支持。因此，对于 "彩礼" 纠纷，无论是通过协商解决或者法院判决，都会以此作为依据。由于小泽和阿芳未办理结婚登记，尽管同居生活将近一年，若进行诉讼，法院将会支持小泽家长主张返还全额彩礼。阿芳一家了解了法律规定后，表示愿意返还彩礼，但是对小泽向阿芳施暴则十分介怀并要求赔偿。社工建议双方理性协商和调解，最后双方父母达成一致：阿芳家返还彩礼 1 万元，另 1 万元作为小泽对阿芳施暴的赔偿。

案例评析

仅从法律上看，本案这两家父母和儿女都是糊涂的法盲，包办婚姻、未到法定结婚年龄就结婚、索要彩礼都是违反婚姻法规定的，没有最基本的法律观念。但从一般情理上说，这两家人的 "彩礼" 纠纷从产生到解决，似乎也符合许多人的认知，即婚事不成了，女方家应当返还男方家为婚事给付的 "彩礼" 聘金，否则男方将是人财两空，不公平。事实上，有关司法解释也正是基于这种一般情理作出规定的，即 "当事人请求返还按照习俗给付的彩礼的，双方未办理结婚登记手续的，人民法院予以支持"。

但是，现实生活远比法律规定复杂。如果双方没有办理结婚登记，但已经按习俗 "结婚" 同居生活了，闹分手时仍然要女方家返还 "彩礼" 聘金，是不是也不公平？本案中，阿芳家就是这样认为而拒绝返还的。对此，笔者认为他们对这种观点存在误读和误解，即对于法律规定 "双方未办理结婚登记手续的" 要返还彩礼，以为只是双方谈妥结婚但未登记结婚、未实际办婚礼结合成为夫妻的情形，正常情况下也确实如此。但若认为只是没办理结婚登记而实际办了婚礼就应当不同对待处理，则是误解了，或者说是当事人的一厢情愿，法律仍然按照 "双方未办理结婚登记手续的" 对待。因此在实践中，不办理结婚登记、按习俗办婚礼 "结婚" 的，后来闹分手发生 "彩礼" 返还纠纷时，已收受彩礼的女家一方往往认为太吃亏。由此也可反证，办理结婚登记手续是多么关键和重要。

此案中，还有一个容易误解的法律问题，小泽和阿芳不是合法的夫妻关系而是同居关系，两家发生的"彩礼"纠纷是因两人结束同居关系而起的财产纠纷，但不属于同居关系财产纠纷，双方纠纷争议的不是同居期间的财产分割，而是同居前的"彩礼"问题，因此不能按同居财产关系处理。

本案中，妇联组织派出社工调处纠纷取得良好效果，也说明社工及时介入并用社会工作手法化解纠纷，是非常必要且非常有效的，值得借鉴。

维权知识

法律对"彩礼"问题有哪些规定（一）？

彩礼，又称聘礼，是中国自古以来缔结婚姻的传统程序之一，即成立婚姻，必须经过男方家给女方家金钱或财物这个环节。一般情况下，在婚姻约定初步达成时，男方就要向女方赠送聘金、聘礼，这种聘金、聘礼俗称"彩礼"。早在西周时期，"六礼"婚姻制度就已确立，并为中国历朝所沿袭，这就是"彩礼"习俗的来源。按传统习惯，送彩礼之后，婚约就正式缔结，一般不得反悔。女方若反悔，彩礼要退还男方；男方若反悔，则彩礼不退。至于"彩礼"的数量和形式，主要根据女方家要求和男方家经济状况双方协商而定。中华民族注重传统文化，特别是婚姻家庭方面的传统习惯习俗，对当今人们缔结婚姻仍有巨大的影响，"彩礼"虽然已经失去了决定婚姻成立与否的作用，但婚前给付彩礼的现象在我国还相当盛行，在有些地方已成了一种约定俗成的习惯做法，因"彩礼"引发的问题和纠纷依然存在。因此，法律对"彩礼"问题也作出了一些相应的规定。

关于法律对"彩礼"的规定，要注意如下几个方面：

第一，"彩礼"不是一个专门的、规范的法律用语，《婚姻法》中没有"彩礼"这个概念。因"彩礼"引发纠纷的案件，人民法院审理时按照有关规定将案由称为"婚约财产纠纷"。我国1950年、1980年颁布的《婚姻法》和2001年修订的现行《婚姻法》，均未对婚约和聘礼作出规定，但都规定了禁止买卖婚姻和禁止借婚姻索取财物的内容。

第二，"彩礼"在实践中依然盛行。目前我国很多地方尤其是在农村地区，仍盛行把订婚给"彩礼"作为结婚的前置程序，而且随着经济的发展和生活水平的提高，"彩礼"也不断水涨船高，小到金银首饰，大到数十万元的现金、汽车、住房等。一旦双方最终不能缔结婚姻，因彩礼处置问题引发纠纷并诉诸法院的案件逐渐增多。针对此问题，最高人民法院于 2004 年 4 月发布了《关于适用〈中华人民共和国婚姻法〉若干问题的解释（二）》。该司法解释在第十条对彩礼作出了专门规定："当事人请求返还按照习俗给付的彩礼的，如果查明属于以下情形，人民法院应当予以支持：（一）双方未办理结婚登记手续的；（二）双方办理结婚登记手续但确未共同生活的；（三）婚前给付并导致给付人生活困难的。适用前款第（二）、（三）项的规定，应当以双方离婚为条件。"可见，对于彩礼纠纷问题如何处理已经有明确规定，"彩礼"返还与不返是有法可依的。

十、十年"夫妻"做生意　一朝分手争财产

案情简介

　　女方小谢是贵州人，男方老李是浙江人，双方为争夺十年同居期间的财产归属，目前官司正打得"不亦乐乎"。十年前，30多岁的小谢带着6岁的儿子开始与40岁出头的老李同居，由于各种原因，两人虽然在外人看来是一对"夫妻"，却始终没有去办结婚登记。在此期间，小谢将自己所有的30多万元全交给老李，共同在广州荔湾区某市场经营眼镜批发生意。出于对老李的信任，双方共同经营的店铺都登记在老李名下。小谢以为，两人同居生活感情生意两不误，日子倒也过得惬意。不料，老李一个偶然的机会认识了一个叫小苏的女人，接下来又是一番情投意合、相见恨晚的老戏码。小谢虽然愤怒却也无可奈何，只有听之任之。但小谢万万料不到，一年前，老李和小苏合谋欲将生意揽归己有，竟然换了店铺大门锁，将她扫地出门了。小谢只好睡在店铺门口走廊，生活苦不堪言。

　　无奈之下小谢砸开房门，拿走了一些生活用品和店铺中的货品，并向老李主张生活费，但老李不仅没给钱反而暴打了她一顿。小谢被老李殴打后就拨打110报警求助，当地派出所接案后，未依照《反家庭暴力法》的相关规定向老李出具《告诫书》，事情并没有得到解决。后来小谢又打开家门搬走了自己的一些日常生活用品，老李于是向公安机关报警。公安机关认为这是家庭纠纷琐事，不在《治安管理处罚法》调整的范围，未立案处理，仅对他们之间的纠纷进行了适当的调解。但老李不服，委托律师向小谢正式寄送律师函，声称已经控告她，她涉嫌构成了盗窃罪。

　　为此，小谢惶恐不安地来到广州市妇联权益部求助，妇联工作人员请维权志愿者律师为她提供详细的咨询服务。律师分析认为，此案为双方同居期间的共同财产纠纷，根本不构成犯罪。热心的保安及邻居也为小谢出具了证人证言，证明谢、李二人一直在其家中同居生活。后来，老李见对小谢刑事

控告无果，转而向广州市荔湾区人民法院提起了侵权诉讼，主张小谢向其返还总价值为 38 万元包括枕头套、床单、被罩、电风扇等在内的各种财物。

小谢再次来到广州市妇联求助，志愿者律师分析案情后建议，她可以提出案件管辖权异议，利用司法程序繁琐漫长来拖延审判结果。小谢于是向法院提出本案的管辖权异议，认为原告老李所罗列的这些财产，均属于两人同居生活十年期间所积累的财产，双方的纠纷是同居共同财产分割的纠纷，她作为被告被起诉，案件应当由她的住所地贵州省都匀市人民法院管辖。但广州市荔湾区人民法院以二人曾签署分手协议为依据，认为这是民事侵权案件，不是同居关系存续期间共同财产纠纷案件，因此裁定不予将案件移送，驳回管辖权异议。小谢不服裁定，提起上诉。至目前，此案件管辖权异议上诉仍在市中级人民法院二审审理中。

案例评析

笔者尚未见到本案最终的处理结果，选择拿它作为一个案例来介绍和评析，是因为这是一宗比较典型的中年男女未婚同居生活案例。与一般未婚同居的青年男女不同，这些中年人生活阅历较为丰富，大都经历过失败的婚姻，出于各种现实因素考虑，他们不愿意办理结婚登记手续，但又以"夫妻"名义共同生活，往往最后会出现比较激烈的财产争夺纠纷，甚至会闹到你死我活的地步。本案中的小谢和老李就是这样，不论法院最终判决的结果如何，曾经有过十年同居生活的他们，最后一定是两败俱伤。因此，中年同居男女应当引以为戒，双方若是想维持正常的共同生活的心态和秩序，应当按婚姻法的相关规定登记结婚。

本案中，小谢遭遇今天的困境，其自身也是有过错的，特别是她对同居生活的财产关系没有尽到审慎注意的义务和责任。其主要失误有三：一是将自己所有的三十多万元全交给老李，却没有留下书面凭证；二是双方共同经营的店铺只登记在老李名下；三是对共同生活期间所购置的财产，没有明确的数目和清单。因此，一旦两人感情破裂反目，进而发生财产归属纠纷时，她就陷入极度被动之中，既不甘心财产被占又束手无策。

实际上，即使小谢在同居生活中做到了足够的审慎注意，其同居期间的财产权益保障也是存在先天不足的。这是因为目前法律法规对同居期间的双方财产关系和财产分割，规定得并不十分明确，如何面对越来越多的同居财产纠纷，也是全社会所要面对的新难题。

此外，本案中还有两点法律问题要注意。一是，小谢因无法通过双方协商等渠道取走自己在同居期间的财产，为保护自己的权益，遂通过暴力手段直接从店铺拿走货品。从法律上讲，这是违法行为，笔者认为不应提倡使用这种非正常手段维权。二是，老李起诉小谢，以侵权之诉请求判令她返还财物，也是一种诉讼策略，实际上是将同居财产分割纠纷的矛盾表现当作一方对另一方的侵权行为来看待。而妇联志愿者律师建议小谢通过提出管辖权异议等手段来达到"拖"的目的，既是法律允许的诉讼手段，也是无奈之举。

维权知识

法律对"彩礼"问题有哪些规定（二）？

第三，要注意准确理解和把握离婚"彩礼"返还的条件。对此，根据《婚姻法解释（二）》第十条第（三）项规定，离婚时要返还彩礼的一个条件是"婚前给付并导致给付人生活困难的"。那么，该怎样理解把握"生活困难"？最高人民法院在《婚姻法解释（一）》第二十七条专门对"生活困难"作出了这样的解释："婚姻法第四十二条所称'生活困难'，是指依靠个人财产和离婚时分得的财产无法维持当地基本生活水平。"所以，"生活困难"应当是指当事人生活的绝对困难，而不是相对困难。《婚姻法解释（二）》第十条中的"生活困难"的理解也应当与上述解释一致，即所谓绝对困难是实实在在的困难，是因为给付彩礼后造成其生活已经无法维持当地最基本的生活水平。

第四，关于返还"彩礼"的数量。因给付彩礼一方的原因导致婚约解除，返还彩礼的数额可根据其过错程度、双方的经济状况等因素，酌情减少。男女双方未办理结婚登记手续而共同生活一年以上两年以下，一方请求对方返还彩礼的，返还的数额一般不超过彩礼总额的30%；共同生活一年以内三个月以上的，返还的数额一般不超过彩礼总额的50%；共同生活不满三个月的，返还的数额一般不超过彩礼总额的70%；因给付彩礼一方的原因导致同居关系解除的以及在共同生活期间女方怀孕或者流产的，一般可在前款的基础上再减少5%至20%。

02/未婚生子纠纷篇

一、同居一年女怀孕 不肯结婚男施暴

案情简介

2016 年 8 月某日，家住肇庆市端州区某街道的苏红（女，1993 年 12 月出生）来到端州区妇联哭诉求助。区妇联工作人员接待了苏红，耐心细致地聆听了她所叙述的情况：

一年多前，苏红与家亮相识不久就恋爱了，随即两人开始同居生活。双方家长也了解他们已经未婚同居，并未加以过多干涉。开始同居生活以后，两人相处还算融洽，其间也没有去办理结婚登记的打算。但当家亮得知苏红怀孕后，态度就发生了很大转变，他不愿意养育孩子，更担心苏红以怀孕为由要求登记结婚。因此，在苏红怀孕以后，家亮就对她日益冷淡了，频频找借口与她争吵，还不时对她施加暴力行为。现在，苏红怀孕 4 个多月了，她本人想生下孩子并尽快和家亮办理结婚登记，但面对现在的处境又不知道该怎样办才好。因此，前来妇联咨询求助，请求帮助她渡过目前的困境。

针对苏红正处于精神极为焦虑状态的实际，区妇联工作人员首先为她进行了心理辅导，安抚其心灵，稳定其情绪。根据苏红反映的双方矛盾纠纷的具体细节，通过察看她身上受到伤害的情况，工作人员判断男方确实对她实施了暴力，但暴力行为比较轻微。于是向她讲解了《反家庭暴力法》的相关规定，家亮殴打她的行为属于家庭暴力，法律也禁止同居者之间的家庭暴力行为，日后家亮若还有对她实施暴力、伤害其身体的行为，要坚决说不，及时求助，可以向当地公安机关报警，也可向当地妇联组织或居委会等基层组织求助。

区妇联工作人员待苏红平静下来后，又与她一起分析了造成她目前困境的原因。苏红与同居男友家亮都比较年轻，社会经历不多，特别是家亮的法律意识、婚姻家庭观念都比较淡薄，责任心不强，双方在没有一点婚姻计划的情况下就同居生活在一起，遇到矛盾纠纷是必然的。尤其是两人对未婚先孕所面临的问题的复杂性估计不足，如今未婚先孕既成事实，女方想奉子成婚，男方却不愿面对这个结果，发生冲突就难以避免了。但两人还是有感情基础的，若能做通男方的思想工作，双方去办理结婚登记的可能性很大。因此，考虑到苏红未来可能会遇到的困难和情况，妇联工作人员提出三条建议：一是苏红将同居怀孕的实情告知双方家长，由双方家庭坐下来详细讨论两人的去向问题，取得双方家长对登记结婚的大力支持；二是约家亮一起来妇联，由工作人员对其进行调解协商，对其说清楚未婚同居、非婚生子的法律性质和法律责任，制止其再实施家庭暴力；三是协调调解不成再决定是否中止妊娠并通过法律途径解决纠纷。

经过区妇联工作人员的悉心指导和专业调解，苏红与家亮因同居怀孕导致的矛盾纠纷平息，两人最终奉子成婚。

案例评析

本案中，苏红与家亮未婚同居、怀孕、冲突的遭遇，可以说是当下许多年轻未婚同居人士的生活写照。发生这种纠纷矛盾后，结果无非有四个：一是女方去做人流手术中止妊娠，两人继续同居或就此分手；二是女方坚持非婚生子，女方养育孩子，男方一走了之；三是子要生婚不结，成为一个典型的非婚生育子女家庭；四是奉子成婚，皆大欢喜。最后一种结果当然是最为理想的结果了，但实际情况是前三种结果占大多数。

随着社会的发展变迁，人们对未婚同居持更加宽容的态度，这种案例也越来越常见。但这并不代表未婚同居者可以任性而为。了解不深就草率同居，年少气盛，行为冲动，不计后果，也意味着矛盾纠纷会随之而来，将彻底打碎双方的"爱情梦"，甚至让当事人开始怀疑人生。本案中，女方苏红就是这样，她没想到自己意外怀孕之后，昔日信誓旦旦的男友竟然会骤然变脸，还对她拳脚相加，"爱情"小船说翻就翻，对她奉子成婚的想法不以为意。幸好，在妇联组织的帮助下，事情发生转机，要不然，很难想象已经怀孕4个多月的她将面临怎样的困境。因此，笔者以为，年轻同居者应当引以为戒。尤其是年轻女性，由于社会经历较浅，法律知识较少，不注重自身保护，缺乏对后续问题的预见性，当同居生活发生未婚先孕情况时，往往会因为束手无策而受到很大伤害。

本案中，妇联工作人员对苏红的有效帮助值得点赞。既有到位的心理辅导，减轻了求助者因为纠纷而产生的不安情绪；又有专业的咨询指导和调解能力，成功化解了双方的矛盾纠纷。这可真是知难而进、玉成其事。

维权知识

为什么有些人会选择未婚同居？

目前，年轻男女选择未婚同居的现象并不少见，在这种社会现象的背后，一定有其深刻而复杂的原因。简单地说，笔者认为主要有以下几个方面的原因：

一是，对主流婚姻家庭文化中的价值观和生活方式等持怀疑态度。这导致一些年轻人大胆挑战传统的婚恋模式，选择不结婚；一些年轻人则失去缔结正常婚姻的信心，抱着"试婚"心态同居生活，不愿长期投入两性婚姻关系。

二是，当今青年性成熟与性活跃期提早而适婚年龄普遍推迟。因此，当物质条件改善、有条件脱离开原生家庭时，一些年轻人会选择在"性待业期"同居。他们在此期间采取同居生活方式，能低成本获得异性的陪伴和得到性满足。

三是，同居关系的时兴也与现代女性权利意识高涨相关。现代女性主义者们批评和指责一夫一妻制婚姻，实际上是因为历来以男性为中心的婚姻，男女在婚姻家庭生活中不平等，女性走进传统的婚姻家庭生活后往往失去独立自主的地位，认为同居关系能给女性带来平等权利和独立自主的空间。另外，当今年轻女性总体上素质大大提高了，在市场竞争中能获得和男性一样的经济独立地位，她们对婚姻的自主选择有充足的底气。

二、男家称子非亲生 女家说报复炸屋

案情简介

阿花,女,湛江市遂溪县某镇人。2013年6月,阿花经人介绍认识了同县某镇的男子小吴。不久,两人便在宾馆开房发生了性关系,进而就一发不可收拾了,两人租房同居起来,直到阿花称自己怀孕了,小吴才慌了神。小吴母亲知悉后,便让小吴把阿花带回家来住,而阿花父母眼见生米煮成了熟饭,也无可奈何地认可了,只是一味催促小吴带阿花去办结婚登记领取结婚证。但是小吴却以各种借口拖延不答应。

2014年2月,阿花在小吴家生下一个女孩,但小吴及其家人并没有一点喜悦之情,反而觉得两人同居才5个多月时间,孩子怎么就出生了?因此怀疑孩子不是小吴的。为此,小吴多次要求阿花离开自己家。

小吴此举当然遭到阿花的拒绝,阿花父亲更是愤怒不已,对小吴扬言称,如果小吴硬要阿花离开,就炸掉他家的屋子。两家人各有苦衷,局面一时僵持不下。无奈之下,小吴聘请了律师,于2014年8月某日向县人民法院起诉,请求解除同居关系并确认阿花所生孩子与其没有血缘关系。法院依法受理了此案,向阿花发出传票,定于10月某日开庭审理。阿花因此感到痛苦无助,请求县妇联为她调解,并为她争取5万至6万元补偿。

2014年8月某日,广东妇女维权与信息服务站(湛江站遂溪分站)接待了阿花。工作人员安抚阿花,缓解了她濒临绝望的情绪,根据她的情况制订了详细的工作方案。首先,明确告知阿花,她和小吴没有办理结婚登记,双方属于同居关系,不受法律保护,但妇联组织会帮助化解双方的矛盾,合理解除同居关系,最大限度维护她的合法权益。然后,积极开展调解劝解,平缓双方家庭激烈对抗的情绪。

遂溪妇联维权工作人员坚持每天都与双方进行电话沟通劝说。一方面,主动找小吴的诉讼代理律师沟通,希望能协助妥善并人性化处理该案件,一

起对男女双方进行劝说调解；另一方面，着重说服小吴到法院撤诉，跟他联系并说明，如果愿意给阿花适当的补偿，工作人员会去做好阿花的思想工作，说服她接受调解补偿并搬出小吴家。

在工作人员的持续努力下，小吴同意接受调解并到法院撤诉，要求阿花同意解除同居关系并搬出其家，答应给阿花 1 万元补偿。然而，阿花父亲这一方的调解工作，却进行得异常艰难。阿花父亲态度坚定，说阿花可以搬出来，但吴家必须给 10 万元作为补偿，否则他将报复小吴。

工作人员了解到，阿花母亲比较通情达理，决定以阿花母亲为突破口。她们找阿花和阿花母亲协商沟通，为她们分析解决纠纷的得失所在：小吴称手里有一张亲子鉴定报告单，鉴定结果是小吴与阿花所生女孩没有亲子关系。且不说鉴定行为的合法性，如果鉴定结论是真的，这对阿花来说是极为不利的；如果鉴定结论是假的，他起诉到法院，法院审理同居关系纠纷，主要是解决同居双方对子女抚养、财产分割、债务分担的争议，目前法律并没有关于男方应对女方给予补偿的规定，要争取到法院判决小吴给阿花 10 万元补偿，基本不可能。因此，通过诉讼解决双方纠纷，最终结果对阿花并没有多大好处，而争取和小吴达成调解协议，最大限度争取到对方的自愿补偿，把事件对双方的影响降到最低，才是务实可取的解决问题的方法。

在维权站工作人员的努力下，最终双方同意和解，小吴到法院撤诉，阿花带着孩子搬出吴家，双方自愿达成如下协议：一、小吴一次性补偿 1 万元给阿花，双方解除同居关系；二、小吴对阿花所生育孩子不存在抚养义务；三、吴家赠予阿花的 2.5 万元，小吴及其家人亲属不得讨回；四、阿花必须在 2014 年 9 月某日前搬迁出吴家，否则要退回吴家 3.5 万元，并且赔偿 3 万元。

案例评析

此案中，有两个焦点问题：一是，阿花及其家人要求小吴补偿 10 万元，是不是合理合法的要求？二是，小吴称孩子非其亲生，该如何证明及处理？这两个问题，也是实践中调处解决同居纠纷时经常会碰到的棘手难题。

对于第一个问题，必须明确的是，目前法律对未婚同居关系没有作出具体规定。未婚同居并不是一种违法行为，它只是不符合公序良俗，与社会道德相违背，法律对待未婚同居关系的态度，可以说是不提倡也不鼓励。未婚同居是男女关系的"灰色地带"，不受法律保护，一旦产生矛盾纠纷，当事人也往往失去了法律赋予的权利。因此，同居关系在法律上存在诸多风险，一旦双方闹翻发生纠纷诉至法院，一方对另一方提出的补偿要求是得不到支持的。实践中，恋爱同居时两情依依，分手纠纷时撕破脸皮，一方提出要对方给"分手费""青春损失费""精神补偿费"的现象屡见不鲜，但这些要求均缺乏法律依据，自然也得不到法院的支持。本案中，阿花及其家人向小吴索要补偿 10 万元，实际上就是要求对方给付解除同居关系的"分手费"，当然得不到法院的支持。所以，妇联工作人员称其不可能通过法院裁判得到补偿，是正确的解答。但如果当事人双方协商后，一方自愿给予另一方补偿的，则不受此限。

第二个问题，则稍为复杂一些。在法律上，孩子依法享有的权利并不因生父生母是否具有合法婚姻关系而不同，非婚生子女与婚生子女的法律地位是一样的。但是，前提必须是孩子与发生纠纷的当事人之间存在亲子关系。实践中，当未婚同居者对待性关系比较任性时，就有可能出现女方生下的非婚生子女与男方不存在亲子关系的情形。此时，若男方主张对孩子不负抚养义务，则法律不会强制其承担抚养义务。

由此，实践中就经常会出现同居男方以孩子不是自己亲生为由，拒绝履行抚养义务的纠纷。本案中，虽然阿花一直强调所生孩子是小吴的，但根据双方开始同居的时间和小孩出生的时间推测，阿花可能在说谎，而小吴则称持有医院作出的亲子鉴定报告单，鉴定结论是他与孩子不存在亲子关系。因此，如果双方闹到法庭上，结果将对阿花十分不利。所以，妇联工作人员从有效维护阿花合法权益的工作思路出发，以劝说小吴撤诉答应调解为主线，一方面及时介入并主动与小吴一方进行沟通协商；另一方面与阿花一方充分进行利弊关系分析，让阿花一方在补偿方面作出让步，最终促使这一宗本已进入司法程序的案件得到了比较人性化的解决。小吴家维护了脸面，阿花家得到了一定补偿，一起很可能引发恶性流血冲突事件的同居关系矛盾纠纷得到了妥善处理，维护了双方的利益，化解了双方的矛盾，真正做到案结事了，维护了社会稳定与和谐。

维权知识

怎样才能依法确定亲子关系（一）？

根据《婚姻法》规定，父母子女关系分为自然血亲和拟制血亲两大类。自然血亲是基于子女出生这一法律事实而发生的，包括生父母和婚生子女的关系、生父母和非婚生子女的关系；拟制血亲则是基于收养或再婚的法律行为以及事实上的抚养关系而发生的，由法律认可而人为设定形成。

在现实社会生活中，自然血亲类的父母子女关系因为是基于生育子女这一事实而发生的，不像拟制血亲的父母子女关系那样基于法律行为而发生、变化或终止，因此可能会出现对"事实"真相的质疑和纷争。因为，法律行为是公开进行的、可见的、可判断的，但生育子女这一事实则必须以两性交合为前提，而两性交合致孕育子女的过程并非以公开、确定的途径和方式进行，其"事实"真相如何，局外人难以判断，甚至作为当事人的女方，如果不止与一位男性发生性关系也不能绝对地肯定或否定。那么，当怀疑是否存在亲子关系时，应当如何依法确定呢？

三、非婚生女被抛弃 联合调解息纠纷

案情简介

钱芳是湛江市坡头区某镇人，2009 年 5 月与湛江市廉江某镇的林生相识相恋。同年 9 月，双方以夫妻名义开始同居生活，2010 年 6 月生育一女。自女儿出生后，双方因生活琐事经常吵架，感情裂痕渐渐加大，两人就都不再提补办结婚登记手续的事，最后闹至分房分床而居。2014 年 2 月，林生与另一个女子登记结婚，彻底抛弃了钱芳母女，钱芳当时对此还毫不知情。

2014 年 8 月，钱芳到廉江市妇联上访反映，她与林生同居生活几年，生下了女儿，林生抛弃她母女俩与另一个女人结婚，也不给抚养费，请求市妇联帮助解决女儿抚养费问题。廉江市妇联工作人员了解清楚钱芳的情况和诉求后，建议她通过调解途径来维护她母女二人的合法权益。工作人员即时联系和指导某镇妇联利用镇综治信访维稳中心平台，联合镇综治办、司法所等开展调解工作。

调解过程中，双方意见分歧很大。钱芳坚持要林生给 10 万元作为女儿的抚养费，她的理由是自己已经"嫁给"林生了，又生育了孩子，同居数年后被抛弃，将来再结婚是"二婚婆"，还要独自抚养女儿。但林生认为，分手两个人都有责任，钱芳索要 10 万元抚养费是一个无理要求，坚决拒绝。为使双方达成一致意见，镇妇联和镇司法所、综治办的工作人员，不厌其烦地给双方解释法律的规定，讲解一般情况下法院判决此类纠纷案件的结果，耐心细致地做两人的思想工作。妇联工作人员告诉钱芳，未办结婚登记即是非婚同居生活，男女双方都有抚养非婚生子女的法律责任，并不仅仅是男方的责任；进而又站在维护钱芳母女权益的立场上，根据当地农村生活一般水平标准计算出抚养孩子的基本费用，借以详细说明即使通过法院判决解决，孩子的抚养费也不可能有 10 万元这么高，建议她提出合理合法的要求，争取双方和解。

经过艰苦的调解，钱芳与林生最终达成协议：女儿由钱芳抚养，林生享有女儿探视权；林生每月支付抚养费 200 元至女儿十八岁止，共计人民币 33 000 元。支付方式：每年支付一次，每次 2 400 元。双方签本协议时支付第一年抚养费 2 400 元，以后每年 9 月 1 日前由林生向钱芳支付，至付清为止。

案例评析

本案是一宗普通的非婚同居生子纠纷案，若要找出与其他许多同类案件的不同之处，恐怕就在于同居关系还未解除，男方已经正式另娶新娘了。完全可以想象，女方对此情何以堪！更令女方悲愤的是，男方居然连女儿的抚养费也想赖掉。本案中，钱芳的遭遇也再次提示和证明，非婚同居关系对双方当事人都没有什么约束力，一方（特别是男方）随时可能不辞而别，即使生育了子女也如此，受到最大伤害的主要是女方。

实践中，切实解决同居关系纠纷，调解途径比诉讼渠道的效果好，尤其是解决非婚生子女的抚养权抚养费纠纷。这是因为大多数这类纠纷案件的一个突出特征是，由相对弱势的女方当事人向男方追讨子女抚养费。她们中大部分人的经济条件、知识能力、社会支持系统都严重不足，要她们费钱、费时、费力走完漫长的诉讼渠道去维护权益，真是"生命中不可承受之重"。也正因为如此，当她们向妇联组织寻求救助时，妇联组织会给予积极帮助，首选调解途径解决问题。本案中，钱芳要求男方给付 10 万元孩子抚养费，但妇联工作人员并没有盲目支持其诉求，而是有理有据地建议她提出合理合法的要求，这是真诚为她维护权益的行为，可以在较短时间里帮助她解决问题。根据本案实际，如果通过诉讼渠道解决纠纷，法院进行审理后的最终结果基本上和调解结果一样，双方非婚生女儿将随母亲生活，但钱芳要求男方一次性给付 10 万元的诉讼请求不会得到法院的支持。

维权知识

怎样才能依法确定亲子关系（二）？

目前主要是通过做 DNA 鉴定的方式来判断和证明孩子与父亲的血缘关系。在我国，人们对这一形式已经接受，案例也越来越多。亲子鉴定若证实孩子与父亲没有血缘关系，可能会引发离婚、抚养费、监护权、财产分割、遗产继承等很多问题，因此，法律对此有严格规定。

据最高人民法院《婚姻法解释（三）》规定，根据一方当事人请求确认亲子关系存在还是不存在，区分以下两种情况：

一是，当事人一方起诉请求确认亲子关系，并提供必要证据予以证明，另一方没有相反证据又拒绝做亲子鉴定的，法院可以推定请求确认亲子关系一方主张成立。

二是，夫妻一方向法院起诉请求确认亲子关系不存在，并已提供必要证据予以证明，另一方没有相反证据又拒绝做亲子鉴定的，法院可以推定请求确认亲子关系不存在一方的主张成立。

确定亲子关系是十分严肃的法律问题，若遇到此类纠纷，建议咨询婚姻家庭专业人士，帮助解决纠纷。

四、外来妹同居生女 本地男拒绝探视

案情简介

2016 年 7 月初，一名情绪激动的年轻女子来到肇庆市高要区妇联权益部求助。女子名叫小英，26 岁，四川人。几年前，小英在打工过程中认识了高要区某镇的阿建，两人认识后不久未办结婚登记就开始了同居生活，并在 2015 年 12 月生下了女儿。但是，由于双方认识时间不长、了解不深，感情基础薄弱，彼此不够包容，同居期间两人经常发生争吵，阿建多次对小英使用暴力，还摔坏了小英几台手机。而小英自生育孩子以后也性情大变，情绪反复，对小孩不管不顾，甚至随意打骂，把情绪发泄在女儿身上。阿建最不能容忍的是小英经常离家出走，开心就回来住几天，不开心就离开，几日不见踪影。阿建父母为此对小英也有很大意见，劝说阿建和她分手。

阿建没有信心解决好与小英共同生活的各种矛盾，更不愿意去补办结婚登记手续做真正的夫妻。他对小英提出分手，女儿归他抚养，希望小英以后不要纠缠于他，小英没怎么犹豫就同意了。于是，双方到镇司法所签了一份非婚生子女的抚养协议书，协议约定女儿由阿建抚养，小英不用支付抚养费，在不影响女儿正常生活的前提下，小英可以探望女儿。此后，小英离开了阿建家。阿建将女儿交给父母照看，一家人的生活又恢复了往日的平静。不料，消失了半年多的小英又找上门来探望女儿，还对阿建表示想再续前缘。早已心灰意冷的阿建拒绝了小英，还警告她今后不准再来骚扰女儿，结果两人发生肢体冲突，阿建摔坏了小英的手机并驱赶她离开。小英感到受了伤害，前来区妇联求助，要求阿建准许她探望女儿并赔偿她的经济损失和精神损失。

区妇联工作人员对小英进行了心理安抚，耐心听她诉说，让她感受到了娘家人般的温暖。详细了解了小英的情况后，工作人员为她解答了法律上的困惑：首先，她和阿建是未婚同居关系，法律并未明确规定双方解除同居关系时，一方有权向另一方要求赔偿。因为未婚同居是男女双方当事人的自愿选择，法律并不予强加干涉，双方当事人应当预见到同居这种生活方式背后所隐藏的巨大法律风险，解除同居关系时要求对方给予赔偿无法理及法律依据。同居关系的当事人与婚姻关系的配偶，在法律权利义务方面存在根本性不同，法律并不保护同居关系，所以小英要求阿建赔偿的诉求将得不到法院支持，只能同阿建协商处理。其次，根据最高人民法院相关司法解释的规定，双方均属于未婚的同居关系，双方发生矛盾纠纷时，向法院起诉请求解除同居关系的，法院不予受理；但当事人因同居非婚生子女的抚养、共同财产分割纠纷争议提起诉讼的，法院应当受理。因此，如果小英与阿建同居生活期间购置了双方的共同财产，可以要求阿建分割，协议不成可以起诉阿建。再次，小英同居所生女儿虽为非婚生子女，但享有与婚生子女同等的权利。根据《婚姻法》规定，非婚生子女的生父母都应当承担抚养义务，不直接抚养子女的一方应承担抚养费，同时也享有探望子女的权利。对抚养问题，小英和阿建已经在镇司法所调解下达成了子女抚养协议，双方签订的协议书是有法律效力的。所以，阿建拒绝小英探望女儿是不合法的，如果阿建坚持不准小英探望女儿，小英有权向人民法院提起诉讼，由人民法院判决。

随后，妇联工作人员又联系阿建一家并作了调解，提出了解决问题的思路和方案。阿建家同意小英按协议定期来探视女儿，小英放弃经济补偿的要求，双方的矛盾纠纷暂时化解。

案例评析

近年来，新一代"打工族"未婚同居越来越多见。这一方面是因为"打工族"远距离流动，工作生活压力大，为了缓解生活压力的"快餐式"恋爱观走俏，闪电式同居、分手现象随之增多。另一方面，新一代"打工族"的原生家庭不再视子女未婚同居如洪水猛兽，对缔结婚姻目的的同居行为持宽容态度。但是，由于文化程度普遍不高，缺乏有关婚姻家庭的基本法律意识，未婚同居所引起的家庭暴力、非婚生子女、财产等纠纷也日益增多，甚至酿成极端的暴力犯罪现象。

目前，怎样有效调处解决这类未婚同居引发的矛盾纠纷，是摆在包括妇联组织在内的基层组织面前的迫切任务。对此，本案例有两点值得参考借鉴：一是从事纠纷调解的工作人员必须掌握并熟练运用相关的法律知识，能让当事人通过咨询解惑后，自觉放弃不合理、不合法的诉求。如本案中，小英原本通过协议和阿建解除了同居关系，但她认为自己未得到一点经济补偿是不合理的，经过工作人员耐心细致地讲解婚姻法，她才明白自己的诉求于情可谅但于法无据。二是找出问题的症结所在后，善于通过纠纷一方或双方当事人的家属亲友进行协调，将矛盾化解。如本案阿建因心中对小英有很深的怨恨，拒绝小英来探视女儿的态度激烈，工作人员就先做好与其父母家人的情感沟通，以同理心说服他们支持小英作为母亲探视亲生女儿的合理诉求。

本案还有一个法律问题值得注意，即同居双方当事人自愿达成的子女抚养协议，内容不违反法律的强制性规定，则自双方签字之日发生法律效力。小英和阿建分手时到镇司法所签了一份非婚生子女的抚养协议书，双方协议约定女儿由阿建抚养，小英不用支付抚养费，在不影响女儿正常生活的前提下，小英可以探望女儿。这份双方自愿签订的协议书是有法律效力的。协议约定孩子抚养费由阿建一人承担并不违法，如果将来出现较大的情势变化，阿建需要小英承担抚养费，双方可协商变更，协商不成则可向人民法院提出起诉。但如果协议约定小英不得探望女儿，则是不合法没有法律效力的条款，如果阿建坚持拒绝小英探望女儿，小英可向人民法院起诉。

维权知识

法律是怎样规定子女探望权的（一）？

探望权，又称探视权、见面交往权，一般是指离婚后（或者解除同居关系后）不直接抚养子女的父亲或母亲一方，享有的对未成年子女探望、联系、会面、交往、短期共同生活的权利，是从亲权派生出来的一种权利。通俗地说，就是当事人与孩子有亲子身份关系存在，虽然没有直接抚养孩子，但他或她也理所当然地享有探望孩子的权利。

根据 2001 年新修订的《婚姻法》第三十八条规定，当事人离婚之后，不直接抚养子女的父或母，有探望子女的权利，另一方有协助的义务。行使探望权利的方式、时间由当事人协议，协议不成时，由人民法院判决。《婚姻法》规定探望权的意义在于保证非抚养一方能够定期与子女团聚，这有利于弥合因家庭解体给父（母）子（女）间造成的感情伤害，有利于孩子的身心健康和成长进步。

五、始乱终弃男隐身　走投无路女弃子

案情简介

小红，女，27 岁，外省籍人，2010 年左右在广州打工时认识了广东吴川籍男子阿路，双方发生性关系后一起同居生活。2014 年初，小红生下了儿子小路，那时阿路就在心里盘算着如何脱身了。2014 年 4 月，阿路借口称外出打工挣钱离开了小红，从此对小红母子不理不睬，既不支付抚养费，也不再联系小红。阿路还变更了手机号码，玩起了"人海隐身术"，让小红再也无法与他联系。2014 年 6 月，走投无路的小红带着未满 1 岁的儿子，从广州来到吴川市妇联投诉求助，要求妇联帮助维护她母子俩的合法权益。

吴川市妇联指派工作人员制订工作方案，专门为小红提供服务。工作人员耐心安抚好小红后，开始努力寻找阿路的落脚处，争取尽快与他本人协商，通过调解来解决双方对孩子的抚养费纠纷。工作人员通过阿路家所在某街道和管区的干部，摸清了阿路的基本情况。妇联工作人员通过电话与阿路联系上了，他称目前正在海南打工，又宣称已有合法的妻子和子女，不会再与小红联系，更不可能再和她一起共同生活，拒绝向她支付儿子小路的抚养费。工作人员对阿路解释法律规定，耐心进行思想教育工作，但他不为所动，事情一时陷入了僵局。

不久，小红再次携子到妇联哭诉。小红是外省人，在本地无亲友可投靠，又无经济收入，生活极为困难。因此，她情绪十分激动，说她一个人再无力抚养孩子，又哭又喊地将儿子丢在妇联工作人员的办公室，转身就跑出了门。工作人员连忙将小红追回来，对她百般安抚劝解，等她情绪平静下来后，才严肃告知她，遗弃幼子不仅是于心残忍、于情不当的行为，也是涉嫌违法犯罪的行为，她作为母亲必须承担起对儿子的责任与义务。小红承认自己做错了，她也不忍心做出丢弃亲生儿子这样无情的行为，实在是因为没有一点办法了。小红抱回了儿子，妇联工作人员也十分同情和理解她的处境，于是加大救助工作力度，争取尽快帮助她摆脱几乎是山穷水尽的困境。

工作人员通过某街道妇联主席和管区书记协助，查到阿路的家庭地址，共同上门到路家找到了阿路本人。阿路见无法再"隐身"了，便同意与小红协商调解。第一次调解，由于双方意见分歧太大没有办法达成基本共识。几天后，妇联又再次召集双方当事人协商调解，男方觉得女方要求支付的抚养费太高，要求通过诉讼程序由法院解决，当天调解无果。但妇联工作人员考虑到小红目前经不起拖延的实际情况，仍不轻言放弃调解，继续进行协调工作，建议双方都要从实际出发冷静地思考，为双方的儿子着想作出让步，尽快和平解决纠纷。经过多次沟通联系，妇联工作人员动之以情晓之以理讲明了双方的义务和责任，最终劝服了双方。7月初，在市妇联领导的主持下，双方达成调解协议并于当天履行完毕：儿子归小红抚养，阿路一次性支付3万元抚养费，双方不再为此事相互纠缠。

案例评析

若仅仅从法律角度评析，本案所涉及的法律关系及法律知识很简单，甚至乏善可陈：一是小红和阿路的未婚同居关系不受法律保护，小红对阿路隐身而去不能依法主张权利；二是男女双方都对非婚生子女负有抚养义务，阿路想逃避给付抚养费的法律义务是不可能的。但换个角度看，本案对一些年轻男女追求自由生活，却另有一番法律启示意义：漠视法律约束的所谓恋爱婚姻自由，任性同居非婚生子，将会丧失真正的自由。本案中，阿路始乱终弃，在同居女友小红生下儿子后，就在心里盘算着如何脱身。他或许以为与人同居生子只是一场游戏，不想玩了就抬脚走人。一个青年男子若对婚恋自由作如此理解，可以预料，他将会是一个潜在的社会祸患，不久的未来将被法律彻底剥夺自由。抛开未来不说，现在阿路想隐身逃避责任最终也没有能够脱身，他该承担的责任照样要承担，而此番纠纷经历将对他今后的婚恋和内心造成沉重的影响，哪里还有真正意义上的自由可言。本案纠纷的另一方当事人小红，从法律上说她当然是一个权益受害者，但她对与人同居、非婚生子作出自由选择时，无疑是误解和滥用了婚恋自由权利，其结果就造成了她实际上的不自由。

本案纠纷得以调解成功，是妇联基层组织艰苦努力的结果。实践中，非婚生子女抚养纠纷的女方当事人大多是一些弱势的女性，通过调解工作促进双方和解，切实有效维护求助妇女和非婚生儿童的合法权益，是基层妇联维权服务的重点和难点。本案中，妇联工作人员急求助妇女所急，考虑到小红再经不起打击和拖延的实际情况，不怕重重困难，不轻言放弃，一而再、再而三地开展调解工作，实为难能可贵。

维权知识

法律是怎样规定子女探望权的（二）？

实践中，由于我国实施探望权制度的时间不长，人们对探望权的认识还存在不足和分歧，因此产生的纠纷并不少见。目前，有关探望权问题的主要法律规定有如下几方面：

一、探望权的行使方式。离婚或者解除同居关系后，不直接抚养子女一方的探望权行使即探望的方式、时间安排，一般应当由双方在离婚（分手）时进行具体、细致协商后决定，双方不能达成协议的，由人民法院在处理案件时一并判决。一般应在不影响子女的学习、不严重改变子女生活规律的前提下，确定间接扶养一方在一段时间内可与子女单独交流。

六、同居生子闹分手　挽回爱情去结婚

案情简介

阿莹26岁，茂名市人。2013年经他人介绍与同为茂名市人的阿浩相识，随后确定恋爱关系，并于2014年开始同居生活。阿浩是单亲家庭长大的孩子，父亲早年患病去世，从小与母亲、弟弟相依为命。由于阿浩是长子，母亲非常依赖他，他也体谅母亲独自一人支撑家庭的辛苦，所以与阿莹同居期间经常要求阿莹与他一起回家吃饭，陪伴母亲。而阿莹喜欢自由不愿受约束，她喜欢与阿浩待在家里过二人世界，不愿到阿浩家里吃饭，不愿与阿浩的家人接触，两人经常因吃饭问题发生争吵。阿浩性格有点暴躁，有大男子主义作风，不愿意包容阿莹，而阿莹性格倔强，对于一些小事喜欢计较，两人就这样在不断争吵、分分合合中同居了一年多。2015年底，阿莹发现自己意外怀孕了，与阿浩商量要不要生下这个孩子。两人认为孩子是无辜的，最终决定到民政局办理结婚登记后生下孩子。但事与愿违，阿莹孕早期反应非常大，经常反胃呕吐吃不下饭，而阿浩忙于工作，很少照顾阿莹，导致阿莹经常伤心流泪大发脾气。阿浩提议搬回去与其母亲同住，让母亲代为照顾阿莹，但阿莹坚决反对。两人的矛盾越积越深，多次想分手，均因孩子而最终选择复合，但两人因为矛盾冲突而始终没有去办结婚登记。2016年8月，孩子出生了，两人看着这个可爱的"爱情结晶"，都希望能好好过下去，给孩子一个完整的家。虽然两人之间还存在着较深的感情，但都非常倔强，不愿意低头包容对方。这种持续的矛盾争吵让阿莹感到伤心绝望，想安排好孩子的抚养问题后解除同居关系，结束纷争不断的生活，于是来到广东省妇女维权与信息服务站（茂名站）哭诉求助。

维权站工作人员表示理解，并且尽力安慰情绪激动的阿莹，让她尽情诉说了内心的痛苦。工作人员在详细了解情况并综合评估分析后，认为阿莹与阿浩同居时间较长，虽然争吵不断，但两人最终都没有选择分开，证明两人有着较深的感情基础。两人同居期间的矛盾属于日常生活中常见的小矛盾，还没有达到必须分手的地步，两人矛盾恶化只是因为两人个性太倔强，不愿向对方低头妥协。因此，决定帮助他们重归于好。

首先，工作人员帮助阿莹解开她自己的心结。工作人员指引阿莹仔细回想，双方同居三年以来的争吵事件，是因为什么争吵，那件事是否真的有那么重要，争吵后又得到了什么。又让她认真思考，现在两人有了爱情结晶，如果分手，是否真的舍得让孩子缺少父爱，这是否只是她一时冲动的想法。阿莹思考后告知工作人员，三年的争吵其实都是因为一些鸡毛蒜皮的小事，一点都不重要，争吵后也没有任何收获，反而恶化了彼此的关系。孩子出生后，两人都对孩子疼爱有加，均舍不得离开孩子。阿莹表示自己的确有不对的地方，内心希望挽救这段爱情，但是因为她个性倔强，不想主动与阿浩谈。

其次，约阿莹与阿浩一起到站里来充分沟通调解。工作人员根据之前做阿莹工作时的详细记录，理出了两人的"矛盾点"，就这些问题分别对他们进行矛盾分析、劝导，提供解决建议。随后，工作人员引导他们进行深入沟通，互相诉说埋在心底的真实想法，争取改变双方偏激的想法，希望双方能互相包容与体谅。经过此番深度沟通和调解，两人冰释前嫌，愉快轻松地离开了维权站。

后来，阿莹兴奋地告诉工作人员，虽然两人小矛盾不断，但没有像以前那样互不相让、争吵不休，两人相处的氛围得到了根本改善，她与阿浩已经补办了婚姻登记。

案例评析

更准确一点说，本案是一宗比较典型的"试婚"案例。两人基于爱情而开始同居生活，合则去登记结婚，不合则分手各走各路，这就是所谓的"试婚"。本案中，男女双方由正常的恋爱开始，进而同居，进而怀孕，进而准备登记结婚，却因双方性格原因导致的生活小矛盾、小纠纷而差点分手。若非得到了外界的帮助，也许就是一宗普通的非婚生子抚养纠纷案而已。可见，许多青年男女将未婚同居称为"试婚"，虽不能说是掩饰不负责任的同居生活的托词，但靠同居行为来判断对方是否诚心，或者双方是否合适走进正常的婚姻生活，则是很不靠谱的。

首先，绝大部分人尤其是女性，难以承担"试婚"失败的高昂成本。这些成本不仅包括感情的、心理的、身体的、物质的等可见可感知的方面，更包括不可见却巨大的机会成本，即失去了"试婚"期间的选择机会和时间。其次，即使通过同居生活"试婚"觉得双方适合，也难以克服日常生活的各种小矛盾、小纠纷对双方走进正式婚姻的巨大障碍，因为同居关系没有正式的、外在的约束力，两个未婚异性暂时同居在一起，法律虽不禁止，但也不承认和保护其效力，当事人随时可出于自己一时的意愿而终止同居关系，对双方都没有任何法律保障。一方或双方终止同居关系的意愿可能来自多个方面的因素，但最根本的是没有外界的强力约束，一些在正常婚姻生活中看起来很微小的事，也会促成和强化这种意愿。本案中，阿莹与阿浩就是这样，经常因小事争吵，又互不相让，阿莹因此感到伤心绝望，就想结束纷争不断的同居关系和生活。可见，良好的愿望不能取代现实的生活。

此案中，阿莹是有头脑的女子，因为她能及时向维权站求助。阿莹也是幸运的，因为她遇上了对家事纠纷调解有丰富经验的工作人员。维权站工作人员针对阿莹诉说的矛盾点，逐一为他们进行调解，让两人在认识产生矛盾的原因、反思自己的行为之后，作出以后会努力理解、包容对方的承诺。维权站工作人员发挥了"调和剂"作用，缓解了双方矛盾、消解了双方焦虑。

维权知识

法律是怎样规定子女探望权的（三）？

二、探望权纠纷的解决。一是，不履行协助探望义务的纠纷解决。间接扶养一方在行使探望权时，直接抚养子女一方有协助的义务，如果不履行协助探望的义务，或者是采取各种手段阻碍另一方行使探望权，那么，对方可通过向人民法院起诉来保障和实现自己的探望权。对此，最高人民法院《婚姻法解释（一）》第二十四条规定："当事人就探望权问题单独提起诉讼的，人民法院应予受理。"法院作出裁判后，对拒不执行有关探望子女的判决或者裁定的，人民法院可对有协助义务的个人和单位采取拘留、罚款等强制措施。二是，不利于子女的探望纠纷解决。父或母探望子女，不利于子女身心健康的，由人民法院依法中止探望的权利；中止的事由消失后，应当恢复探望的权利。通常情况下，只有在法庭审理案件后认为进行探望会严重危害子女的身体、精神、道德或感情的健康时，才会拒绝授予父或母一方探望权。

七、未婚爸爸失影踪　未婚妈妈讨说法

案情简介

小文是一个未婚妈妈，如今孩子已经满一周岁了。四年前，小文和阿基相识相恋，和都市里的许多青年男女一样，还没有考虑好结婚就搬到一起同居生活了。小文发现自己怀孕时，就要求与阿基去办结婚登记，阿基却以各种借口拖延着不办，结果小文就变成了未婚妈妈。这一对同居者有了孩子之后，原本惬意的同居生活在日常琐事和矛盾中日益破碎。最后，阿基这位未婚爸爸竟然不辞而别了，消失在广州这座繁华闹市中。为此，小文一筹莫展，只好来到广州市妇联求助。

小文称，因自己缺乏社会经验，难辨人性真伪，加上法律意识淡薄，一时糊涂，在未取得合法手续的情况下生下了女儿。生完小孩后的这一年时间里，自己几乎没上班，目前没有经济收入，小孩父亲也没有尽到任何抚养和照看义务，现在还玩起了"失踪"，手机打不通，短信不回。小文家人为了她的事操碎了心，她父亲高血压已住院半个月，母亲对她也十分不理解。因为压力大，自己情绪也很坏，已经跟家人闹僵了。现在孩子刚学会走路，一个人忙不过来，经济又非常拮据，过几年马上要面临孩子教育问题，自己不知道该怎么办才好，有时候想死的心思都有了。

妇联律师告诉小文，法律规定非婚生子女享有与婚生子女同等的权利，任何人不得加以危害和歧视。不直接抚养非婚生子女的生父或生母，仍有对子女抚养教育的义务，应当负担子女的生活费和教育费。根据小文的实际情况，律师提出了维权方案：以孩子的名义向阿基主张抚养费。第一步，找阿基家人沟通协调，争取通过阿基家人联系上他，并让他家里人先做他的思想工作；第二步，由妇联工作人员出面主持调解，双方协商女儿的抚养权和抚养费，争取到女儿的抚养权，由阿基给付抚养费；第三步，若阿基拒绝调解或调解不成，就起诉他，通过法院判决他给付女儿抚养费。经过妇联工作人员和小文的几番努力，事情终于得到解决，小文和阿基最后达成了协议：女儿由小文抚养，阿基每月支付抚养费1 500元，至孩子18周岁时止。

案例评析

本案中小文的经历在未婚同居生子纠纷案中并非罕见，但因此而见惯不怪，则是很不可取的。未婚同居生子，一定会引发许多法律问题和纠纷，应当引起我们深思。

虽然每个人都有婚恋生活的自主选择权，有自己想要的活法，但若因此而成为一个未婚妈妈或者未婚爸爸，在社会主流价值观不认同的现实社会环境中，绝对不是一个正确的选择。这不仅无法给孩子一个完整的家庭，让孩子得到应有的抚育和关爱，而且会给当事人造成诸多法律问题和纠纷。青年男女未婚同居必须考虑清楚可能出现的生活风险和法律政策难题，倘若真出现了未婚生子的情形，双方都应当负起当父亲或母亲的责任，都不得逃避法律义务。婚姻法是婚姻家庭生活的保护伞，同居男女既要勇于承担对非婚生子女的抚养义务，也要增强法律意识，在关键时刻可以拿起法律武器主张自己的权利，以免吃了"哑巴亏"。

此外，笔者以为，之所以发生逃避抚养孩子义务的情形，一个重要原因或许是双方或一方根本就没有预计到生育孩子的可能性，当出现未婚怀孕情况时，男方往往并没有打算要孩子和建立一个家庭。其实，未婚同居进而未婚生子是大概率事件，双方都不能抱有侥幸心理，在毫无心理、情感和物质准备的情况下受孕。一旦既成事实，双方应当协商一致，女方不应当以怀孕为由要挟男方，男方更不能以各种借口逃避责任。

维权知识

法律是怎样规定子女探望权的（四）？

三、探望权的中止。《婚姻法》第三十八条规定："父或母探望子女，不利于子女身心健康的，由人民法院依法中止探望的权利。"可见，"不利于子女身心健康"是中止探望权的事由，此事由消失后，就应当恢复当事人的探望权利。对此，最高人民法院《婚姻法解释（一）》第二十五条作出了具体规定："当事人在履行生效判决、裁定或者调解书的过程中，请求中止行使探望权的，人民法院在征询双方当事人意见后，认为需要中止行使探望权的，依法作出裁定。中止探望的情形消失后，人民法院应当根据当事人的申请通知其恢复探望权的行使。"

八、争抚养"亲家"大战 撕脸面"夫妻"讼争

案情简介

这宗非婚同居生子纠纷案，因为媒体的大量报道甚至炒作，在深圳当地引起了广泛关注。

柳叶是白领丽人，童杰是海归博士，两人郎才女貌、情投意合，相识不久就开始同居。2012年10月，双方还未就办理结婚登记问题协商一致，柳叶就生下了儿子小成。2013年4月，童杰未经柳叶同意就将小成送至北京其姐姐童某的家中抚养，两人为此彻底闹崩了。2013年9月，柳叶将童杰诉至深圳市某区法院，提出要自己抚养小成，请求法院判令非婚生儿子小成归自己抚养。2014年4月，一审法院经审理认为，双方均表示愿意并有能力抚养小成，从有利于小成成长的角度出发，维持其现有的生活、成长环境对其更为有利，故判决：小成由童杰抚养，柳叶有探视小成的权利，驳回柳叶的诉讼请求。柳叶不服一审判决，提起上诉。

柳叶和童杰、柳家人和童家人为争夺小成的抚养权，已经完全撕破了脸，双方都志在必得。因此，诉讼过程中双方爆发激烈争吵，互相指责，彼此揭短。男方揭发称，女方患有精神病，不能抚养小孩；女方则坦然承认造假，自揭伪造精神病病假条的真相，攻击男方"借腹生子"，想过河拆桥。更让童杰及童家人感到意外的是，柳叶还不顾自己的名誉和脸面，主动找媒体曝光隐私，坦承自己曾经是"小三"身份。媒体介入报道后，以白领丽人、海归博士、未婚同居、非婚生子、争子官司、借腹生子、"小三"身份等元素来热炒，吸引眼球，使得此案一时间成为当地抢眼的社会关注点。引起社会舆论关注之后，双方更加对立，都对争取孩子抚养权表现出一副势在必得的态势，双方的哥哥、姐姐等家庭成员都牵扯其中，甚至发生了肢体冲突。为争取支持占据主动地位，双方短时间内到各处信访，其中到深圳市妇联信访就合计15次，而且多次发生不冷静而闹访的情况。

市妇联非常重视，领导亲自包案，主动约访。鉴于双方冲突激烈、情绪激动，工作人员重点引导双方理性解决问题，防止发生突发事件，避免对社会稳定造成负面影响。一方面，调动市妇联律师志愿团的力量，安排擅长处理婚姻家庭类纠纷案件的执业律师，为双方提供专业法律意见；另一方面，安排市妇儿心理健康服务中心对当事人进行心理辅导。与此同时，市妇联多次与市中级人民法院的信访办联络沟通，和民事审判庭交换意见，追踪监督案件的审理进展情况，及时反馈双方当事人的动态情况。最后，二审法院认为不满两周岁的年幼小成，由其母亲柳叶抚养更为适宜，于 2014 年 6 月作出终审判决，撤销一审判决，柳叶、童杰的非婚生子小成由柳叶抚养。

案例评析

从所涉及的法律关系上看，本案只是一宗普通的非婚生子女抚养权纠纷案，但一经媒体以"海归博士、未婚同居、非婚生子、争子官司、借腹生子、'小三'身份"等吸引眼球的元素热炒，就引起了社会的广泛关注。笔者以为，表面看是媒体迎合了人们爱消遣低俗八卦新闻的心理，实际上是因为未婚同居生子的问题早已成为社会的一个痛点。人们关注此案，主要是想知道法律将会怎样看待和判断这些"八卦"纠纷。

一般情况下，确定非婚生子女抚养权是参照确定婚生子女抚养权的规则和做法。子女利益最大化是基本原则，具体来说，未满两周岁的幼儿以随母亲为原则。因此，本案终审判决小成的抚养权归女方柳叶是适法又适当的。与大多数非婚生子纠纷中男方不愿意抚养孩子的情形略有不同，本案中，童杰早早就将孩子抢到手了，以为造成既成事实后对争得抚养权更有利，但他的做法不仅蛮横无理，也损害了无辜孩子的利益。他没有从有利于孩子健康成长的角度来考虑，双方协商依法寻找妥善的处理办法，结果造成冲突不断，乃至双方动手动脚甚至上升到暴力行为。起诉之后各不相让，还不断信访，如此缺乏理性的应对解决思路，实不可取！

撇开法院判决不论，本案中，妇联组织为避免事件恶化造成更大的社会不良影响，积极应对纠纷双方当事人上访、闹访的措施很成功。其成功的主要经验值得借鉴，即要紧密依托律师和心理辅导师的专业力量来引导、安抚信访人员。

维权知识

法律是怎样规定子女探望权的（五）？

四、关于探望权裁判的执行。《婚姻法》虽然规定了探望子女的判决或裁定，可由人民法院依法强制执行，有关个人和单位应负协助执行的责任。但是，因为探望权纠纷涉及人身问题，如果执行不当，会对子女的身心健康造成严重的伤害。因此，法院强制执行的对象不能是子女，而只能是拒不履行协助责任的有关个人和单位。对此，《婚姻法解释（一）》第三十二条规定："婚姻法第48条关于对拒不履行协助另一方行使探望权裁定的，由人民法院依法强制执行的规定，是指对拒不履行协助另一方行使探望权的有关个人和单位采取拘留、罚款等强制措施，不能对子女的人身、探望行为进行强制执行。"此外，如果子女已满10岁，对是否进行探望已具备独立思考能力和认识能力，人民法院应当征求子女的意见，如果子女不同意的，不应当强制执行探望权。

九、莞女愁煞儿高考　港男急助子入户

案情简介

李媚是一名中年女子，东莞人。1994 年，李媚在一次朋友聚会上认识了景尚。景尚是香港人，当时来到东莞做生意。两人一见倾心，相识不久便恋爱同居了。1997 年两人在东莞生育一子小安，由于双方一直未去办理结婚登记领取结婚证，李媚就没有取得计划生育部门核发的准生证，小安作为非婚生子也就无法办理出生证明和入当地户口，成了一名"黑户"。自小安出生后，两人常因生活琐事发生争吵，感情也慢慢变淡，谁也不愿再提起登记结婚和儿子入户问题。因工作原因，景尚要经常在香港东莞两地间往返，与李媚聚少离多，李媚不堪忍受，两人不久便彻底分手了。

此后，李媚独自一人带着儿子小安在东莞居住生活，既没有要求景尚支付孩子抚养费，也不再管他在香港还是在东莞。几年很快过去，小安到了入读小学的年龄，李媚准备送儿子上学，却被当地公立学校以孩子没有户口为由婉拒。李媚这才第一次为儿子的"黑户"问题着急，但又无计可施，便花钱将儿子安排到外地读书。小安上学读书的难题解决之后，李媚也就没有再考虑过他的入户口问题，也不愿意去想"黑户"将来对他意味着什么。一晃十多年过去，真正让李媚揪心痛苦的难题终于来了：正读高中且成绩良好的小安，即将毕业参加高考，但由于他没有户口，将不能报名参加高考！李媚为此急得团团转，到处打听，寝食难安，情急之下来到广东省妇女维权与信息服务站（东莞站）寻求帮助。

维权站工作人员让她先找到孩子父亲，双方一起来共同解决问题。李媚虽然多年未与景尚联系，但还是顺利找到了景尚。景尚了解到儿子小安因为是"黑户"而高考受阻的情况也非常焦急和心痛，十几年来他与李媚虽然已经形同陌路了，但作为非婚生子小安的父亲，当年未尽抚养儿子的责任已经让他良心不安了，如今需要他出面解决难题，他表示决不会推辞。景尚很快就从香港赶到东莞，和李媚来到维权站。景尚表示，他愿意承担责任，如果有什么需要他做的，他一定尽力做好。

维权站工作人员向两人讲解了未婚同居、非婚生子的相关法律规定，详细解释了当地关于办理入户的政策和办事流程。结合他们双方的具体情况，工作人员提出了解决小安"黑户"难题的建议：一、由于两人是未婚生育，孩子没有办理出生证明，双方应到相关司法鉴定机构申请做亲子鉴定，然后持亲子鉴定书到李媚户籍所在地的公安机关申请办理出生登记。二、双方需确定孩子的抚养权，可以通过法院确定孩子的抚养权归李媚所有，再到李媚的户籍所在地办理孩子入户手续。三、双方属于未婚生育，违反了计划生育法规，需向计生部门缴纳社会抚养费。李媚和景尚了解了详细流程后，根据指引一一进行办理。为不耽误小安参加高考，维权站工作人员也积极关注，全程跟进，主动协调有关部门帮助他们加快办理。经过 2 个月的时间，李媚的儿子小安顺利办理了入户手续，从此不再是"黑户"了。李媚热泪盈眶，景尚感慨万分，两人向维权站赠送了锦旗，以表谢意。

案例评析

众所周知，数十年来中国内地实行严格的计划生育政策，不符合计划生育要求的生育行为，将依法给予相应的惩戒，违反计划生育法律和政策所生育的子女也因此在入户、上学等基本权利保障方面遇到难题。其中，未婚同居生育的子女，就属于违反计划生育法律和政策所生育子女的范围。这个问题随着非婚生育的增多将越来越突出，"黑户"孩子本身是无辜的，父母生育行为不合法的结果却由无辜的孩子承受，是不公正的，将来必定要修改和调整相关的法律政策。但在此之前，非婚生育的子女仍将可能遭遇本案的情形，那些正在进行同居生活的男女，尤其要充分考虑这一点。

本案中，李媚与香港籍男子十几年前恋爱同居、非婚生子，是双方的自愿选择，如今也无须加以更多的指责。但李媚对孩子"黑户"问题采取回避拖延的应对方法，则是很不负责任。实际上，在既定的现实约束条件下，男女双方选择不同的婚恋方式就会面临迥异的社会后果：如果申领结婚证，两性结合将以婚姻家庭的组织形式获得法律的认可，融入社会管理和社会保障体系；如果未婚同居却又生育了子女，虽然子女的法律地位和法律权益是完整而充分的，却可能面临户籍制度、教育医疗体制等方面的困扰。本案中，景尚和李媚未婚同居、未婚生子，违反计划生育有关规定，是导致其儿子不能入户的重要原因，直接影响了儿子的教育升学，而且需缴纳一定的社会抚养费。所以，是否结婚，仍然是人们必须慎思、难以回避的问题。

维权知识

如何解决非婚生子女的入户问题（一）？

我国《婚姻法》第二十五条规定：非婚生子女享有与婚生子女同等的权利，任何人不得加以危害和歧视。这一法条明确规定了即使是非婚生子女也拥有与婚生子女同等的权利。但在实践中，非婚生子女的权益保障却面临许多现实的困境，特别是受到计划生育相关法律政策的影响和制约，非婚生子女的入户问题未得到应有的重视和解决。目前，关于非婚生子女的入户问题，尚未见到有国家层面的统一政策或规范性文件出台，各地的具体对策措施也相差很大。

十、女方失踪男服刑　非婚之子成"黑户"

案情简介

男方朱某，广东东莞人，女方阿娇，重庆潼南人，均未婚。2002年初，两人在东莞某镇相识，不久就开始同居，并于2003年9月非婚生育了儿子小朱。在儿子小朱出生一个多月后，朱某与阿娇爆发了一场激烈争吵，阿娇一气之下独自离开了，从此杳无音讯。此后十年间，可怜的小朱留在爷爷家生活，再没有见过生母阿娇。在这期间，生父朱某因犯罪被判刑，至今仍在监狱服刑，小朱只能由爷爷奶奶抚养和照顾。

因小朱是非婚生子女，又没有确定由生父、生母或爷爷来抚养和监护，致使其10岁了都未能入户口，上小学以来一直需缴高价学费。小朱爷爷为此苦不堪言，曾经两次委托律师欲通过诉讼来确定抚养权，但因为身边只有一份孩子生母阿娇已过期的第一代居民身份证复印件，又无任何联系方式可以找到阿娇本人，律师两次退回委托不愿代理。眼见小朱将要升读初中，若解决不了入户口的问题，就只能去读收费很高的民办学校。年老体弱的小朱爷爷为此唉声叹气，于是找到镇妇联求助。妇联工作人员建议并协助他去东莞市法律援助处某镇办事处申请援助。

法援律师详细了解案情后，受理了小朱爷爷替小朱提出的法律援助申请，制订了解决问题的策略：通过提起非婚生子女抚养纠纷诉讼，请求法院依法判决孩子归生父朱某抚养。首先，发出律师函邮寄到阿娇身份证上的住址重庆市潼南县某镇，通知阿娇到东莞协助办理其儿子小朱的入户手续，但该律师函因地址查无此人被退回。随即，法援律师着手准备诉讼材料，因没有能证明阿娇在东莞居住一年以上的证明材料，只能到阿娇户籍所在地法院起诉。朱家没有阿娇的任何音讯，仅存有她已过期的第一代居民身份证复印件，法援律师根据上面记载的重庆市潼南县的住址，确定以潼南县人民法院作为案件管辖的法院，经过多次积极沟通联系说明情况，得到当地法院的支持和协助，案件的起诉、受理、缴付诉讼费都通过邮寄办理。开庭前，法援律师又提前到阿娇旧身份证住址的潼南县某镇派出所调查，发现她因购房已把户口迁至县城。律师再到县城的派出所调查阿娇的身份信息，当晚即找到了阿娇登记的新住址。律师希望找到阿娇调解，缩短案件的审理时间。不料，阿娇登记住址的房屋早已转让他人，新屋主也无法联系到阿娇，这位当年抛弃非婚生儿子的母亲再次消失在茫茫人海中。

无奈之下，只好继续按司法程序走。法援律师在起诉和庭审阶段，重点说明了非婚生子小朱出生后一直随生父朱某及祖父母共同生活，现其生母阿娇下落不明，为了孩子的健康成长，小朱应由父亲朱某抚养为宜，并提交了出生医学证明、照片、小朱就读的小学的证明等证据佐证。此诉讼请求得到法院支持，判决双方的非婚生子小朱由朱某抚养至其独立生活之日。最后，小朱顺利办理了入户手续，可以到公立学校读书了，小朱爷爷终于松了一口气。

案例评析

一般来说，同居纠纷案件中，若是财产方面的纷争，双方当事人都会积极应对和解决以得财产利益，而涉及非婚生子女的抚养权和抚养费用等纷争，大多数当事人则会想办法推脱责任，甚至为逃避责任而一走了之。由此，实践中有许多非婚生子女的合法权益难以得到保障。本案即提出了一个非婚生子女权利保障问题，很值得我们深入关注。

随着社会的变迁，越来越多的非婚生子女出现了。虽然《婚姻法》第二十五条规定："非婚生子女享有与婚生子女同等的权利，任何人不得加以危害和歧视。"但在现实社会生活中，许多非婚生子女的权利保障可谓堪忧。一方面，受传统思想观念的影响，不少人仍对非婚生子女抱有某些固有的偏见，而不会想到他们带着"非婚生子"的身份标记来到这个世界上完全是生父母的缘故，作为孩子受到歧视完全是无辜的。另一方面，受长期实行的计划生育政策的影响，以及现行关于非婚同居、非婚生子等婚姻家庭方面的民事法律不完善，致使非婚生子女的法律权利很难实现，社会各个方面对此关注也很不够。全国第六次人口普查显示，中国至少有1 300余万人没有户口，其中很大部分是非婚生子女。在现实生活中，有很多非婚生子女因无法上户口成为"黑户"，失去了不少应享有的法定权利，普遍遭遇到教育、就业、结婚等多方面的歧视，由此可能衍生出各种社会问题。本案中，小朱出生在本地，但十多岁了仍是"黑户"，因此上学就要参照外来人员的收费标准交学费，比本地那些有户籍的孩子付出更多的费用。

本案对那些为"非婚生子女"入户发愁的人们，也是很有启发的。一般情况下，非婚生子女需先确定抚养权才能入户口，而确定抚养权只能到法院诉请确认。本案就是通过法律手段，使当事人拖延十多年的孩子抚养权得到了司法确认，才顺利解决了入户问题。对于非婚同居者来说，本案也是一个可引以为鉴的案例。

维权知识

如何解决非婚生子女的入户问题（二）？

综合媒体所披露的各地做法，笔者对非婚生子女的入户问题归纳如下：

一、非婚生子女都应当入户，原则上入户并无时间限制。孩子出生来到这个世界上，无论婚生还是非婚生，都是中华人民共和国公民，就应当享有作为自然人的社会权利，办理机关不予受理和办理是没有法律依据的。当然，如果发现属于违反人口与计划生育法律法规生育的，应及时通报给当地计划生育部门，以便加强管理和征收社会抚养费。

二、非婚生子女落户的做法各地不尽相同，但都要求提供相应的证明材料。一般情况下，要求提供的主要证明材料包括：一是，有出生证明的非婚生子女，根据该证明自愿随父或随母落户；二是，没有出生证明但在医院或卫生院内出生的非婚生子女，需要孩子出生医院的接生记录证明，以及孩子母亲的住院证明，确定孩子父母后落户；三是，没有出生证明也不在医院出生的，需要社区民警对孩子的来历进行调查，确认孩子不是被拐卖儿童，然后社区民警开出证明并对该证明负责。有些地方规定，3岁以下的幼儿可直接到派出所入户口；3岁以上的幼儿要先到当地派出所登记，然后由公安分局或县公安局审批。总之，各地要求不一样，但基本上都要求凭出生医学证明办理随父或随母入户，具体情况可向当地公安机关咨询。

十一、怀孕期间被"劈腿" 生下儿子被"索要"

案情简介

阿玲，女，出生于1987年，广西人。2011年12月，阿玲与茂名信宜市某镇人阿旺相识，不久便在信宜市城南租房同居生活。很快阿玲发现自己怀孕了，阿旺要求她将孩子生下来，声称一定会娶她并对她负责到底。但阿旺只是在口头上说些甜言蜜语，实际上是一个毫无责任心的"花心大萝卜"，背着阿玲又跟另外一个女子好了。阿玲在怀孕8个月的时候，无意中得知阿旺已经另有新欢。阿玲无法接受阿旺如此无耻的行径，多次与阿旺争吵，双方最终吵翻而分手了。2012年12月，可怜的阿玲一个人在信宜市妇幼保健院生下一名男孩。

阿旺在阿玲住院分娩期间，既没有去过问和照顾一下阿玲，也没有给付阿玲一分钱费用。但孩子刚刚满月时，阿旺却厚着脸皮找上门来，向阿玲提出要孩子的抚养权。阿玲觉得很委屈，并认为阿旺很无耻，在她怀孕后期和分娩期间，阿旺不仅出轨，对她的精神造成了巨大伤害，而且没有照顾过她一天，也没有给付任何费用，现在却想把孩子要回去，她无论如何也不会同意。阿玲决意独自抚养孩子，但作为一个外省人，在信宜无依无靠，不知道怎样对付阿旺的无理纠缠。阿玲在别人指点下，来到广东省妇女维权与信息服务站（信宜站），希望服务站能够帮助她争取到孩子的抚养权，帮她追讨她怀孕和分娩期间的费用12 000元。

信宜站工作人员耐心倾听阿玲诉说，及时安抚了她的情绪。紧接着，工作人员先致电阿旺，可是没人接听；得知阿旺比较孝顺父母，于是再致电阿旺父母，但是对方态度非常不好，不愿协助做阿旺工作，并说这是年轻人的事，做父母的管不了，要找就找阿旺吧，说完直接就挂了电话。

接下来两天，工作人员多次致电阿旺做思想教育工作，要求他前来维权站接受调解，解决孩子的抚养问题。工作人员耐心向阿旺解释了法律对非婚生子女抚养的相关规定，警告他作为孩子生父，想逃避对非婚生子女所承担的法律义务是错误的，想不负法律责任不给付抚养费也是不可能的；工作人员也诚恳教育他要有担当，从孩子成长角度说明，孩子年幼由母亲抚养更加有利于其健康成长。同时，工作人员双管齐下，又多次联系阿旺的父母。刚开始，阿旺父母的态度还是很恶劣，但是经过工作人员的耐心劝说和法理解说教育，老人的态度有所改善，表示会催促阿旺来解决问题，最后还主动请求工作人员帮助解决此事。在工作人员的艰苦协调下，双方约定前来服务站进行调解。

2013 年 1 月某日，双方按约定的时间来到服务站，经调解达成如下协议：一、阿旺一次性补偿阿玲怀孕期间营养费、住院费 14 600 元；二、孩子由阿玲独自抚养，双方断绝关系，互不干涉对方的工作生活。阿玲对调解结果很满意，并衷心地感谢服务站帮助解决了难题。

案例评析

本案中，阿玲未婚同居并怀孕，怀孕期间同居男友阿旺又出轨"劈腿"，分娩期间既没得到他的一天照顾，也没得到他的一分资助，独自一人承担了生育的风险和责任，孩子才满月又被要求放弃孩子。阿玲的遭遇的确凄惨，虽然她十分坚强，最后也通过调解得到了孩子的抚养权，让阿旺支付了生育的费用，但真正的困难还在后面等着，以后她要面对的还有诸如孩子入户、教育、医疗等诸多难题。可以预料，她独自抚养非婚生儿子的日子将会十分艰难。

未婚同居致未婚先孕后，无论生与不生，女方都要承担极大的风险，身心健康将受到极大的影响。由于目前尚无专门规范非婚同居关系的法律出台，同居男女如发生非婚生子的纠纷，女方通常面临着难以有效寻求法律保护的问题。目前，在现实操作中，主要是参照婚姻法的相关规定和少量的司法解释来解决纠纷，不利于女方权益的维护。再者，同居关系不享有合法夫妻关系的正常权利义务，其间即使一方发生了过错行为，另一方也难以主张权利，如本案中阿旺在阿玲怀孕期间出轨，对阿玲造成了精神上的损害，但阿玲欲索取精神损害赔偿却无法可依。

本案中，最主要的一个法律问题是：阿玲与阿旺在妇联维权站工作人员主持下双方达成了协议，她取得孩子的抚养权，但不要阿旺支付孩子抚养费，这个协议有法律效力吗？以后孩子或者她本人出现变故，她能反悔要阿旺支付孩子的抚养费吗？笔者认为，协议当然是有法律效力的，因为这是双方自愿协商达成的协议，也符合法律关于非婚生子女的抚养由双方当事人协商、协商不成由法院依法判决的规定。但今后若出现了重大变故，致使阿玲无法独自抚养孩子，阿玲当然可以向阿旺提出变更协议，若协商不成，则可以以孩子的名义，或者孩子自己提起诉讼，请求判令阿旺给付抚养费。

维权知识

如何解决非婚生子女的入户问题（三）？

三、计生政策对非婚生子女入户的影响，各地也不同。笔者在此提供广东省的做法供参考。2015 年 5 月，广东省公安厅、省卫生计生委联合印发《关于进一步加强出生小孩户口登记管理工作的通知》（以下简称《通知》），根据《通知》，全省各级公安机关在办理新生婴儿户口登记手续时，要进一步简化手续，凭出生小孩的《出生医学证明》、父母（或监护人）的居民身份证（或军官证）、结婚证及居民户口簿办理，不得将持有计划生育证明或结扎证明等作为办理出生入户的前置条件。

十二、未婚先孕被解雇　生父不认亲生子

案情简介

阿丽与阿文同为珠海某大型企业的员工，二人自 2012 年相识，经过一段时间的交往，双方关系逐渐密切，发展为恋爱关系后开始同居生活。在同居期间阿丽怀有身孕，要求与阿文领取结婚证，但阿文一直拖延，在阿丽怀孕半年后竟不辞而别。因未婚先孕，阿丽供职的公司以她严重违反公司规章制度为由，解除了与阿丽的劳动关系。阿丽因生活无着落，来到广东省妇女维权与信息服务站（珠海站）求助。

服务站工作人员见阿丽情绪极为低落，对生活失去了信心，就及时给予情绪疏导和心理支持，消除阿丽内心的不安，鼓励她积极面对生活，并建议她尽快向家人说明一切，寻求家人的帮助和支持。同时，安排一名工作人员专门协助阿丽联系到了阿文，并在电话里与阿文进行了交谈。工作人员从阿文处了解到，他不是不想管阿丽，只是他没能力管，他已经辞了工作回到老家，家里有老人要赡养，经济不宽裕。阿文在交流意见时支吾遮掩，工作人员判断他并没有说真话。为了找到问题所在，工作人员继续耐心开导阿文，最终阿文说出了他的真实想法，他怀疑阿丽怀的孩子不是他的，所以他不可能管。阿文这一说法随即遭到阿丽的坚决否认，阿丽情绪再次失控，工作人员只好尽力安抚并一直陪着她。待阿丽情绪稳定之后，工作人员认真研究讨论对策，大家一致认为，案件前期由律师志愿者介入提供法律帮助，才能切实保障阿丽的权益。

维权站的志愿者律师介入后积极引导阿丽提前准备好证据材料，保留平时与阿文的亲密照片，请求房东帮助出具证言，证明阿丽与阿文共同租房居住的事实，向身边周围朋友收集证言，证明两人同居关系。针对公司解雇阿丽的问题，律师认为公司将"未婚先孕"作为"严重违纪"行为而直接予以解除劳动合同，严重违反国家对于女职工给予特殊保护的规定，也侵害了女

职工的合法权益，建议阿丽向劳动部门寻求帮助。阿丽在维权站律师的悉心指导下，满怀信心地应对自己"未婚先孕"所带来的问题。

此后，服务站工作人员一直跟进阿丽的情况，了解到阿丽在劳动部门的调解下回到了公司继续上班，并已产下一名男婴，但孩子的抚养费仍无着落。工作人员告知阿丽，她的孩子虽然是非婚生子，但在法律上与婚生子享有同样的权利，孩子的父亲要履行抚养及照顾的义务，建议其向法院起诉阿文，追索孩子抚养费。

向阿文追讨抚养费的前提是确认阿文与孩子存在亲子关系，亲子鉴定是认定的直接证据。为此，工作人员再次电话联系阿文，从感情、责任与法律角度，对阿文动之以情、晓之以理，孩子是无辜的，即使大人有什么不对，也不要牵连到孩子。经过努力，终于说服阿文同意做亲子鉴定。经过2个月的等待，鉴定结果出来了：阿文与孩子具有亲子关系。然而，阿文再次耍赖，称孩子的抚养问题要与家里人沟通，他自己做不了主，之后就不再理睬工作人员。于是，维权站律师帮助阿丽以孩子名义向人民法院起诉，请求判令阿文支付抚养费。法院经审理查明了两人同居并生育孩子的事实，最终经过法庭调解，阿文同意承担阿丽因生育住院的医疗费、伙食费、营养费等，一次性支付2万元给阿丽；孩子由阿丽抚养，阿文每个月支付抚养费600元，至孩子独立生活时止。

至此，在历经了将近1年时间，阿丽的后顾之忧终于得到了解决，阿丽的脸上重新展露久违的笑容，她握着大家的手，不停地说着谢谢。

案例评析

本案中，阿丽因同居未婚怀孕被公司解雇，致使她内外交困更加苦楚，可以想象她心里有多么惶惶无助、焦虑不安。阿丽的遭遇也给"上班族"年轻女性提了个醒，未婚怀孕还要面临丢掉"饭碗"的风险，但这也不是没有办法救助的一条绝路。一旦面临这样的困境，要及时求助。

本案例的第一个重要法律问题，就是阿丽所在的公司以她"未婚先孕，严重违纪"为由解除劳动合同，是否合法。这不是一个简单的问题，实践中也确实存在用人单位以此为由将女职工"炒鱿鱼"而女职工自认倒霉的情况，即使奋起抗争也维权失败的案例并不罕见。本案中，维权站律师认为阿丽所在公司解除劳动合同是违法的，严重违反国家对于女职工给予特殊保护的规定，这是正确的意见。因为《劳动合同法》明确规定，女职工在孕期、产期、哺乳期的，用人单位不得解除劳动合同。实践中，用人单位违反这条规定的并不少见，阿丽在维权站律师和工作人员的指导帮助下，没有接受公司的无理决定，维护了自己的合法权益，值得点赞。

本案例的第二个重要法律问题，是怎样证明男方与非婚生子女存在亲子关系。如果女方欲通过诉讼途径解决子女抚养纠纷，而男方否认孩子是其亲生拒付抚养费时，就存在一个亲子关系的证明问题。对此，最高人民法院发布的《婚姻法解释（三）》规定："当事人一方起诉请求确认亲子关系，并提供必要证据予以证明，另一方没有相反证据又拒绝做亲子鉴定的，人民法院可以推定请求确认亲子关系一方的主张成立。"但实践中，此类诉讼中的女方当事人，往往因无法提供非婚生子女与生父具有血亲关系的必要证据而导致败诉。本案中，阿丽得到维权站律师和工作人员提前介入的大力帮助，不仅提示当事人保存了必要证据，又通过合法途径取得了关键证据，胜诉是必然的结果。

此案中，维权服务站工作人员为阿丽服务的期限长达近 1 年，服务效果也非常好。通过此案例，人们也能认识到妇女维权工作具有长期性、反复性及不可预测性的特点，工作人员需要具有超常的耐心及爱心，需要善于抓住突破口，切实了解各方人员真实的心理状况并加以疏导，这样才能更好地找到解决方法，真正解决当事人的困难。

维权知识

法律为保障女职工的生育权作出了怎样的规定？

生育权是法律赋予女职工的一项基本权利，我国《劳动合同法》明确规定女职工在孕期、产期、哺乳期的，用人单位不得解除劳动合同。《妇女权益保障法》第二十七条亦规定：任何单位不得因结婚、怀孕、产假、哺乳等情形，降低女职工的工资，辞退女职工，单方面解除劳动（聘用）合同或者服务协议。上述法律规定均没有区分女职工的怀孕是已婚还是未婚，因此，以非婚怀孕生育为由解雇女职工是违法行为。

十三、商行"大少"屋藏娇　非婚病儿谁抚养

案情简介

柯倩，女，33岁，揭阳市人；楚强，男，31岁，河源市人。10年前，柯倩在河源市区某商行做售货员时，与商行老板的儿子楚强相好，并开始了同居生活。不久柯倩便怀上了身孕，两个小年轻正要向双方父母谈婚论嫁时，却遭到了楚强父母的极力反对。楚家人认为，这门亲事门不当户不对，老板家的"大少爷"怎么能娶一个外乡"打工妹"？柯倩在被迫无奈之下，将5个月大的胎儿引产了。柯倩伤心之下离开了商行，两人的恋情也暂时画上了句号。

然而，时过不久，楚强又来找柯倩，两人重燃热恋之火。楚强另寻地方租房和柯倩同居，瞒着家人过起了"金屋藏娇"的日子。2009年，柯倩生下了一男孩小铮，楚强父母在毫不知情的情况下就做了爷爷奶奶。由于种种原因，小铮三岁时还不会说话走路，经医生诊断为自闭症，并叮嘱柯倩最好趁早治疗，柯倩为此痛苦不堪，时时催促楚强结婚并想办法给儿子治病。然而，还没等楚强给柯倩一个明确说法，在楚强父母的张罗下，2013年3月楚强与同乡女子成婚，并于同年11月生下一子。可怜的柯倩还被蒙在鼓里，对此毫不知情。

柯倩的非婚生儿子小铮已经6岁了，但交流和反应能力还不如两岁正常孩子。"六一"儿童节，楚强还陪小铮一起度过，节后就一直没来看儿子了。柯倩觉得不对劲，便带着儿子来到楚强的公司，工友们告诉她楚强早已有家室，柯倩宛如遭受当头一棒，和楚强大吵大闹了一番。此后，楚强便杳无音讯，柯倩母子俩的生活一度陷入困境，生活要开支、儿子要治疗，柯倩走投无路，便抱着儿子到楚强家找他父母摊牌，要求楚家承担责任。

楚强父母大吃一惊，他们一直以为他俩早已分手，甚至以为柯倩也早已另嫁他人了，根本不敢相信眼前的孩子是自己家的孙子。楚强父母不接受这个事实，并要求做亲子鉴定。鉴定结果显示，小铮就是他们的亲孙子。在事

实面前，老两口哑口无言了。柯倩多次与楚家协商，要求楚家解决孩子的生活、抚养、治疗等问题，始终未果。柯倩为了让小铮不间断治疗，只好一纸诉状将楚强告上了法院，请求法院判决孩子由她抚养，楚家支付母子俩的生活费、小铮的教育及治疗费。庭审过程中，楚家强烈反对柯倩的主张，要求按法律规定判决，他们只承担孩子一半的抚养费等。主审法官为让诉讼结果对柯倩有利，也组织进行了多次调解，但都因双方分歧过大无功而返。柯倩见得不到她想要的结果，只好撤诉了事。

2014年7月某日，柯倩母子来到河源市妇联，诉说了她与楚强同居8年非婚生子的经过。次日，妇联权益部三名工作人员到楚家公司协商，楚强父母表示：孩子所需的治疗费用和教育费用以正式发票为准，他们愿意承担一半；抚养生活费用按当地的生活水准，他们愿意支付一半。工作人员耐心而诚恳地劝说他们，不能只考虑日常的正常开支，还要考虑小铮是自闭症患儿，需要专人照顾和引导，柯倩带着儿子无法工作，就没有经济收入，柯倩本人的生活费和小铮的另一半费用又从何而来？但不论工作人员怎样苦口婆心劝说，也打动不了楚强父母，老两口硬起心肠就是不松口。妇联工作人员首次为柯倩母子找楚家协商，以失败告终了。

从此，柯倩踏上了上访之路。她几乎天天都来市妇联上访，妇联成了柯倩的临时工作站。工作人员除了耐心开导、安慰她外，仍继续与楚家协商沟通，但数十次的协调都没有结果。柯倩万般无奈下，于10月某日上午把小铮送到楚家商铺，便不辞而别了。当天下午3时，楚家人带着小铮来到妇联权益部，投诉柯倩弃儿的行为，称孩子有很多不良习惯和举动，甚至提出把小铮送福利院或送别人抚养。工作人员告知他们，小铮有生父生母，不符合送福利院的条件，特别是生父有抚养能力而不承担抚养义务，是违法的行为。楚家人见此情形，只好悻悻离开了妇联。

没想到，楚家"以其人之道还治其人之身"，竟于10月某日把小铮送到揭阳市柯倩父亲家里后转身就走。柯倩父亲是一个"老病号"，根本没有能力照顾小铮，柯倩被逼现身回到父亲家接儿子。但仅仅三天之后，柯倩又再次把小铮送到了楚家，自己一声不吭就走了。就这样，可怜的自闭症病儿小铮变成了一只烫手的山芋，被抛来抛去，非常不幸。

妇联权益部的工作人员也为柯倩母子的现状担忧。一星期后，她们再次到楚家看望小铮，却未见着小孩。楚母说已请人照顾小铮，但他日不吃夜难寝，日渐消瘦，若有不测，他们家将不负一切责任。工作人员教育楚强父母，劝说要努力照顾好小铮，给他一个良好的成长、学习和治疗的环境，让他健康快乐地成长。尽管柯倩的处理方法失当，但她毕竟已独自一人抚养了六年。假如当初双方调解协商时，楚家能在小孩抚养、柯倩母子生活补贴上给予适当的倾斜，或许也不至于闹到今天这个地步。楚家人也后悔当初不听调解，表示会尽力照顾好孩子。

两天后，柯倩致电工作人员询问小铮近日在楚家的情况，柯倩虽还有一丝牵挂，但她斩钉截铁地说，她已在外地找到了工作，绝不会再回来接儿子抚养了。

案例评析

这是一宗令人唏嘘的案例，其中情节甚至比一些虚构的通俗爱情悲剧更出人意料。一对年轻男女相恋相爱，男孩是老板之子，女孩是老板员工，当他们想奉子成婚时，却被强势家长拆散了。此后的剧情发展是：女孩流产—分手后又重聚—再秘筑爱巢—生下自闭症孩子—男孩另娶他人—女孩崩溃—男孩隐身逃避—女孩抱子上门求救—男家否认亲子—女孩诉讼讨公道—男家拒绝分担—女孩将孩子抛在男家—男家将孩子抛回女家—女孩又再次狠心丢了回来，转身消失不见了。被生身父母抛弃的自闭症患儿，以后将会如何，我们不得而知。所谓生活比小说更离奇，从此案例可以得到佐证。笔者以为，这个真实的故事，可以说是一曲令人悲哀的人性悲歌，足以让人深深反思生活、人生、家庭、法律、社会等诸多方面的问题。

从法律方面看，柯倩和楚强都必须承担抚养他们的非婚生子小铮的法律义务。孩子由柯倩抚养，由楚强支付必要的抚养费用是合理的诉讼请求，但孩子是个自闭症患者，需要有人专门照顾，若由柯倩自己负责照顾，那她本人的生活来源就成了问题。因此，柯倩提出由楚家支付母子俩的生活费、小铮的教育费及治疗费，也不是无理取闹。至于楚家主张孩子的抚养费、治疗费、教育费等，应由双方各负担一半，从法律现有的规定角度看，似乎是有依据的公平的主张，但从事实上看则是对柯倩母子的不公平。法庭组织双方进行调解时，应当是充分考虑了孩子需要治疗照顾、柯倩无法工作的实际情况，建议楚家作出让步的。笔者估计，可能是柯倩认为楚家让步太小，自己受了楚强的欺骗伤害，不达到让楚家出全部费用的目的就不罢休，而主审法官不支持她的请求，她就干脆撤诉了事。对此，笔者认为法庭审理此案可能失之偏颇，对法律的理解和应用可能存在误区。因为根据双方的经济条件和孩子患病等具体情况，法庭完全可以依法判令由生父楚强承担其非婚生子小铮的抚养、治疗、照顾护理等所需费用的全部，至于柯倩本人因照顾小铮无法工作维持生活来源的这部分请求，可以计算作为照顾护理小铮的支出费用而予以支持，并不存在楚家需要支付柯倩生活费的问题。据此，法庭应当判决小铮由柯倩抚养，楚强承担小铮抚养、治疗护理等全部费用。

从情理上说，造成本案如此结果的根本原因是楚强的极端自私行为。楚强抛弃亲生儿子，以避而不见来逃避责任，不顾柯倩母子的死活离他们而去，不闻不问地把一切的责任推给了柯倩，这是他毫无担当、缺失道德良知的表现，应当受到严厉谴责。因为楚强逃避了，楚家人就拒不接受妇联工作人员的劝说，不从柯倩面临的实际困难和情况来考虑问题，总是以抱怨、谩骂、指责的方式来推卸责任，从不顾及孩子的切身利益，这是令人不齿的行为表现，不免让人对他们楚家有为富不仁、德行有亏的印象。《易经》云："积善之家，必有余庆；积不善之家，必有余殃。"世人当好好领悟此古训，切莫不以为意。

本案中，孩子小铮是无辜和不幸的。生身父母不负责任，把亲生儿子当"皮球"踢，把孩子当物品随意扔，使得他有病难治、有亲无爱，能否顺利成长，还是一个大大的问号。对此，未婚同居者当引以为戒，蛮横干涉儿女婚姻自由者当吸取教训。

维权知识

非婚生子女的抚养权应当如何确定（一）？

根据《婚姻法》规定，婚生子女与非婚生子女的法律地位是平等的，法律规定的父母与子女之间的权利义务不因子女婚生或非婚生而有差别。因此，当男女双方离婚发生子女抚养权纠纷时，确定婚生子女的抚养权所适用的规则也同样适用于解除同居关系时确定非婚生子女的抚养权，两者完全一致。

对此，《婚姻法解释（二）》规定，当事人因同居期间财产分割或者子女抚养纠纷提起诉讼的，人民法院应当受理。最高人民法院在《关于人民法院审理未办结婚登记而以夫妻名义同居生活案件的若干意见》中规定了确定非婚生子女抚养权的基本规则：解除非法同居关系时，双方所生的非婚生子女，由哪一方抚养，由双方协商；协商不成时，应根据子女的利益和双方的具体情况判决。哺乳期内的子女，原则上应由母方抚养；如父方条件好，母方同意，也可由父方抚养。子女为限制民事行为能力人的，应征求子女本人的意见。一方将未成年的子女送他人收养，须征得另一方的同意。这和夫妻双方离婚时，确定子女抚养权的基本规则是一致的。

十四、为传宗阿雄争子　诉公堂阿娇维权

案情简介

2007 年初，东莞市某镇人阿娇与阿雄开始未婚同居。2008 年 10 月，阿娇生育一男孩。之后，两人因生活中的一些矛盾纠纷导致感情不和，于 2010 年 5 月分手。分手之后，他们非婚生育的小孩一直跟随阿娇生活。2015 年 10 月，阿雄父母找上门来，强烈要求阿娇将孩子交回他们家里，由阿雄取得小孩抚养权。他们认为男孩是阿雄亲生儿子，是他们家传宗接代的后人，小孩理所当然要归阿雄抚养教育。阿娇对阿雄家的无理要求很气愤，认为孩子是自己亲生的，又是自己一手养育大的，自己和小孩已经产生了深厚的母子感情，所以坚决不同意放弃小孩的抚养权。阿雄父母索要孙子不成，也恼羞成怒，扬言要找阿娇麻烦。从此，阿雄及其家人为了争夺孩子的抚养权，经常骚扰和威胁阿娇，甚至几次趁机抱走小孩。阿娇无法忍受他们的恶劣行径，日子过得担惊受怕却又束手无策，不知道该如何维护自身的权益，遂来到镇妇联寻求帮助。

镇妇联工作人员耐心倾听阿娇的倾诉，对她进行心理疏导，表示会尽全力维护阿娇的权益。随后，工作人员联系阿娇所在村妇联，调查摸清了事情的来龙去脉，掌握了双方纠纷的客观真实情况。证实阿娇反映的情况属实后，镇妇联当即决定受理阿娇的诉求，指派工作人员着手开展调处工作。经过数次约谈，阿雄仍坚持想要回儿子，表示不愿意和阿娇进行调解。鉴于对方不愿意调解也不愿放弃小孩的抚养权，工作人员建议阿娇通过法律途径争取小孩抚养权。阿娇同意，希望通过诉讼彻底解决双方争议。

随即，工作人员联系东莞市法律援助处驻某镇办事处，帮助阿娇申请了法律援助，镇妇联决定和法援办事处共同办理。两家工作人员根据阿娇的实际情况，制订了专门的诉讼维权方案，向东莞市第三人民法院提起了非婚生

子抚养权确认之诉。工作人员和法援律师帮助阿娇收集了充分的证据：①小孩的生活照片，证实其在阿娇家生活得相当健康和幸福；②阿娇家里的物业及工资收入等经济条件的证据，证明她完全能够独立抚养小孩；③阿娇母亲、兄弟姐妹等家人的证人证言，证明其家人已经完全接受小孩并与其有着难以割舍的情感。法院开庭审理此案时，阿娇在镇妇联工作人员和法援律师的陪同下出庭，法援律师在法庭辩论时据理力争，强调阿雄以"男孩是家庭传宗后人"为由要求抚养孩子，是没有任何法律依据的。同时，确定孩子由谁抚养，必须慎重考虑哪一方拥有的家庭和亲情环境最有利于小孩成长。两人的非婚生孩子一直在阿娇家抚养，孩子得到了熟悉他、爱护他的亲人照顾，在顺利健康成长，若突然改变孩子的生活和亲情环境，必定对他造成严重的心理阴影，很不利于他今后的成长。法庭采纳了法援律师的意见，认为小孩一直由阿娇抚养照顾，继续由其抚养更有利于小孩的成长，阿娇的诉讼请求应予支持，最后作出判决：阿雄与阿娇的非婚生小孩，由原告阿娇抚养。阿娇对判决结果相当满意，一再对镇妇联和法律援助处的工作人员表示衷心的感谢。

案例评析

本案是一宗比较典型的男女双方争夺非婚生子女抚养权的纠纷案，其典型之处就在于，双方都坚持认为孩子由己方抚养才是合理的。但此案也有一个显著的不同之处，就是男方认为孩子应当归其抚养的理由是孩子是他们家传宗接代的男孩。换言之，若孩子是一个女孩，男方就不会管了。这真算得上是一个"奇葩"理由了，有点令人啼笑皆非。

实践中，多数非婚生子女抚养纠纷案的当事人，是想办法将孩子推给对方，自己少出或者不出抚养费，这是因为不愿承担责任；而根据双方当事人极力争夺孩子抚养权的情形，则可推测出其动机比较复杂，类似于本案阿雄及其家人那样，完全是出于功利目的的争夺也不罕见，但主要还是情感和亲情因素所致。从法律上看，解决孩子抚养权纠纷的途径有二：一是由双方当事人调解协商，二是通过诉讼由法庭裁判。但不论通过哪条途径确定抚养权归属，孩子利益最大化，即有利于孩子健康成长，才是首选的考虑因素。若双方协商不能达成协议，一方起诉到法院来争取小孩的抚养权，虽然需要花费更长时间和更多金钱，但法院判决对当事人更具约束力，也更客观公平公正。

本案中，妇联工作人员和法援律师为帮助阿娇争夺孩子抚养权，诉前收集了充分的证据来证实孩子正在阿娇家健康幸福地生活，阿娇能够独立抚养教育孩子，阿娇及其家人对小孩有良好亲情；诉中又在法庭上驳斥了阿雄"男孩是家庭传宗后人"的无理诉求，证明了抚养权归阿娇最有利于孩子成长的诉求合理合法。因此，法院判决小孩由原告阿娇抚养，是公正的判决，体现了孩子利益最大化的司法保护原则。

维权知识

非婚生子女的抚养权应当如何确定（二）？

一是协议优先原则。即在不损害子女利益的前提下，由双方对子女抚养问题进行协商，抚养权根据双方的协议确定。一般情况下，哺乳期内的子女以随母亲抚养为原则，双方不能达成协议时，由人民法院根据子女的权益和双方的具体情况判决。根据协议优先原则，双方经依法调解达成的子女抚养权协议，对男女双方均具有法律约束力，一方若后悔而请求变更，除非有法定情形，否则难以得到法院支持。

二是照顾女方原则。一般来说，作为母亲的女方比起作为父亲的男方，在照顾子女上更有优势，对孩子的抚育照料更加细心周到和体贴。因此，确定子女的抚养权时应当适用照顾女方原则，考虑男女双方的生理心理差异而对女方有所侧重。

十五、段富无良偷娶妻　慧梅悲愤争权益

案情简介

2013年8月，31岁的慧梅与27岁的段富因公司业务关系认识，随后不久，两人确定了恋爱关系。尽管慧梅的朋友和家人并不看好这对"姐弟恋"，但两人还是如胶似漆地相恋着，没有登记结婚就同居生活在一起了。2014年11月，慧梅怀孕了，结婚登记手续依然未办，但她并不太担心这件事，并于2015年8月某日生下女儿小瑶。慧梅在女儿出生后，便搬到段富家中居住，由段富母亲照顾她和孩子。但慧梅在段富家中居住期间，段富经常半夜才回家，且表现极为反常。后来慧梅仔细留心才发现，段富竟然在2015年7月中旬瞒着她与别的女人办了结婚登记手续。为此，慧梅内心十分愤怒和痛苦，并于2015年9月上旬带着孩子离开了段富家。

2015年底，慧梅前来广州市增城区妇联寻求帮助。区妇联工作人员了解情况后，指派区妇联维权顾问何律师为其提供法律咨询服务。何律师为其作了详细的解答，由于慧梅与段富没有登记结婚，因此双方的同居关系不受法律保护，慧梅无法主张精神损害抚慰金，也不能要求分割段富的婚前财产等。但是，双方的非婚生女儿小瑶的权益依然受法律保护，可以通过起诉来确定抚养权，向不直接抚养的一方主张抚养费。慧梅当即表示要起诉段富，争取女儿小瑶的抚养权，并要求段富支付孩子的抚养费。由于慧梅工资收入不高，还要独自抚养孩子，经济十分困难，妇联工作人员于是协助慧梅申请了法律援助，指派何律师担任委托代理人。

何律师接到指派后，即时着手准备起诉材料，于2015年12月向增城区人民法院起诉，请求法院判令非婚生女儿小瑶由慧梅抚养，段富每月支付抚养费2 000元，自2015年9月至小瑶年满十八岁止。增城区人民法院于2016年1月9日开庭审理本案。庭审中，双方对于亲子关系予以确认，段富也同

意女儿归慧梅抚养，但对抚养费金额存在异议，认为自己没有能力承受每月2 000元的抚养费。第一次庭审，主审法官主持的调解因抚养费问题双方分歧过大，未能达成协议。第二次庭审，法官见双方的调解愿望仍较为强烈，于是主持双方进行了多次庭内及庭外调解。虽然两人的情绪严重对立，说服工作进行得十分艰难，但代理人和法官仍希望尽可能化解双方的矛盾。

2016 年 1 月 27 日，增城区人民法院第三次开庭审理本案，主审法官组织了最后一次的调解工作，双方最终达成和解。具体和解协议如下：一、双方的非婚生女儿小瑶由慧梅抚养照顾；二、段富自 2016 年 3 月起至 2033 年 9 月每月支付女儿小瑶抚养费 1 000 元；三、为保障女儿的生活稳定，若段富连续三月未足额支付抚养费，则需一次性支付全部抚养费，且该费用不包括教育费及医疗费；四、女儿十八岁之前的教育费用由双方各负担一半；五、女儿十八岁之前的医疗费用由双方各负担一半；六、段富需在 2016 年 2 月 28 日前支付小瑶 2015 年 8 月至 2016 年 2 月的抚养费共计 5 500 元；七、段富可每月探视小瑶两次；八、双方从此不得干扰对方的家庭和私生活。

案例评析

本案中，段富的所作所为的确是够无良和无耻的，2015 年 8 月甜言蜜语哄着同居女友非婚生下孩子，却在 2015 年 7 月中旬就与别的女人办了结婚登记手续。可以想见，一直被他欺骗和隐瞒着的慧梅，得知真相后该有多么的悲愤！或许，慧梅无从理解和接受，男友怎么能做出如此绝情无义之事？他就没有丝毫的法律意识吗？事实就是这个样子，段富虽然如此绝情无义，但从法律上说，他不用对慧梅承担什么责任，因为对于未婚同居的双方当事人，法律并没有设定人身关系上的权利义务。

目前，我国婚姻法不保护同居关系，同居双方没有婚姻关系的法律约束。同居期间如果发生未婚先孕、男方出轨、同时与他人同居、另与他人结婚等情形，必然会导致双方感情破裂并产生相应的损害结果，特别是女方极容易遭受严重的损害，但受损害的一方当事人却无法寻求自身权益的法律保护。本案中，慧梅面对段富一边和自己同居生子、一边和别人登记结婚的"重大过错"，却无法主张精神抚慰金等相关赔偿，因为精神抚慰金不能适用于同居关系。换言之，慧梅对她本人同居期间的付出及所遭受的一切精神伤害，目前法律也无能为力。但是，对同居双方当事人与非婚生子女的人身关系，法律则是有明确的规定：非婚生子女与婚生子女的法律地位完全平等。本案中，法院依法受理了慧梅的起诉，法庭通过调解结案，让男方承担了他应当承担的对非婚生女儿给付抚养费的法律义务。

最后，本案再次提示了未婚同居是一种不稳定的脆弱关系。即使已经同居了，生儿育女也应当是双方步入婚姻殿堂后的事，女方不要轻信男方"不生孩子不结婚，生了孩子马上结婚"的允诺，感情用事贸然怀孕产子。未雨绸缪，远好过亡羊补牢。

维权知识

非婚生子女的抚养权应当如何确定（三）？

三是综合评估抚养能力原则。即应当对双方的物质经济方面的住房、收入、生活环境，精神品德等方面以及学历、性情、与子女亲密程度等因素进行综合评估，比较双方对子女的抚养能力和抚养条件，以利于子女的健康成长。

四是子女利益最大化原则，这是核心原则。即从有利于子女身心健康、保障子女的合法权益出发，这是确定子女抚养权的首要和核心因素。子女抚养权是男女双方的人身权利，但子女不是双方的附属物，双方发生子女抚养权纠纷时，必须从有利于子女身心健康、保障子女合法权益的角度来确定抚养权归属。"子女利益最大化"原则贯穿于子女抚养权的始终，决定着所有其他原则。

十六、非婚生女被弃养　依法诉求获支持

案情简介

2015 年 2 月某日下午，一个年轻女子在肇庆怀集县妇联工作人员的陪同下来到怀集县法律援助处，她要申请法援为非婚生女儿追讨抚养费。该女子名叫阿琳，1989 年 8 月出生，是一位女儿未满周岁的未婚母亲。

几年前，阿琳与肇庆高要某镇的阿辉相识相恋，进而同居生活在一起。但在她生下女儿小好后，阿辉竟然不辞而别了。阿琳多次找到阿辉，要求其履行抚养女儿的义务，均被拒绝。2014 年 10 月，阿琳在妇联和志愿者的帮助下联系到广州电视台"真情追踪"栏目组，欲曝光阿辉遗弃阿琳母女的行为。节目组与阿琳一起找到阿辉家时，发现他两天前刚和别人举办了结婚酒席。当时，阿琳非常气愤，双方发生争执，经警察到场处理后，双方约定 10 月 22 日到镇政府协商处理。广州电视台"真情追踪"栏目报道了两人发生纠纷的过程，引起舆论关注。

不料，到了 10 月 22 日，阿辉家却大门紧锁，全家人外出逃避了。此后，村干部、镇政府妇联工作人员多次联系阿辉及其家人，均无果。由于阿辉的逃避，小好至今一直由阿琳及其家人在怀集县某镇乡下抚养；而且因为阿辉与阿琳双方并未办理结婚登记，小好也无法办理登记入户手续。阿琳父母年纪老迈，体弱多病，家庭经济一直比较困难，而阿琳要在家照顾小好，无法外出务工，因此生活十分困难。为了切实帮助阿琳维权，妇联决定为她申请法律援助起诉阿辉，于是就有了开头那一幕。

法援处工作人员非常同情阿琳的遭遇，审核了她的身份证、户口簿、经济困难证明及有关的案件材料，认为她属于《广东省法律援助经济困难标准规定》规定的法援对象，因此立即立案为她办理法律援助手续，并指派副主任郭律师承办此案。郭律师接案后，当即和妇联工作人员进行了案情分析，

核实了当事人对案情的陈述。郭律师根据当事人的陈述，依照相关法律法规，慎重地拟定诉状，经当事人确认签名后，向高要市人民法院依法提起诉讼，请求法院判令被告阿辉一次性支付原告小好直至成年期间的抚养费216 950.40元。

高要市人民法院受理该案后，于2015年4月28日依法开庭审理，怀集县法律援助处郭律师作为小好的诉讼代理人参加庭审。由于此前电视台报道过该案，因此有媒体记者到场并有很多当地群众围观。根据当事人申请，法庭依法不公开审理了该案，并于2015年7月作出判决：被告阿辉自2014年2月起支付原告小好抚养费每月600元，至其年满18岁时止，其中2014年2月至2015年7月共18个月的抚养费为10 800元，应于本判决书生效之日起十日内履行完毕；2015年8月起的抚养费用于每月10日前支付。对此判决，双方均未上诉。阿琳在妇联工作人员的鼓励下重拾生活信心，带着女儿回到乡下开始新的生活。

案例评析

本案中，阿琳在自己多次索要女儿抚养费未果的情况下，曾接受志愿者意见向电视台报料。她的本意是借助社会关注和舆论的压力，让阿辉自觉履行法定的抚养义务，及时给付女儿的抚养费用。但是，公共舆论的介入和监督并未带来预期的效果，反而使矛盾进一步激化了，双方当场发生冲突，需要警方出警到场处理。阿辉及其家人迫于压力，口头上表示同意调解处理，最后却逃避了。

这提示了一个很有必要认真对待的问题，即同居非婚生子的纠纷是否适合让媒体和公共舆论介入？因为这涉及个人隐私的暴露，对解决双方当事人的纠纷的实际效果如何，恐怕不能一厢情愿地单方评估。笔者以为，应当理性对待未婚同居生子这一类隐私性质很强的纠纷，必须有理有据地调解协商。调解不成则诉诸司法解决，通过依法起诉对方的方式来维权。

本案中，阿琳作为弱势一方的诉求最终得到解决，得益于妇联工作人员为她申请到了法援，法援律师牢牢把握案件的主要性质提出有理有据的代理意见并被法庭采纳。《婚姻法》第二十五条规定："非婚生子女享有与婚生子女同等的权利，任何人不得加以危害和歧视。不直接抚养非婚生子女的生父或生母，应当负担子女的生活费和教育费，直至子女能独立生活为止。"法院据此条规定，判决被告阿辉给付非婚生子的抚养费，维护了小妤的合法权益。因此，要以适当的方式寻求帮助，只要有理有据地采取行动，就会得到社会相关组织机构和司法机关的理解和支持。

维权知识

什么是法律援助？

法律援助是现代法治国家对其公民承担的一项基本义务，是由政府拨付一定的资金、设立法律援助机构、组织法律援助人员和法律援助志愿者，为某些经济困难的公民或特殊案件的当事人提供免费的法律帮助，以保障其合法权益得以实现的一项法律保障制度。

公民要获得法律援助，应当自行向设在当地司法行政机关的法律援助机构提出申请，或者由有关组织如妇联组织帮助申请、司法机关如法院指定。一般情况下，公民申请要求提供身份证明、经济收入证明等材料，经审核符合受助条件后，法援机构将根据申请人的具体情况指派律师，为其提供免费服务。

十七、一年两孕怎堪痛　四万打发真绝情

案情简介

小真是一位北方姑娘，目前在广州工作。2014 年 11 月，小真认识了现任男友吴立，两人感情发展得很快，于是就同居生活在一起。同居后不久，小真发现自己怀孕了，但两人都不想要孩子，小真遂于 2015 年 8 月做了人流手术。此后两人继续同居，虽然双方都不想生孩子，然而却疏于避孕，以致小真 2016 年 5 月份再度怀孕。小真本以为这是自己最难面对的难题了，没料到，吴立在这时提出了分手，说他可以给她 4 万元作为分手费，两人从此不再有关系。

吴立还没等小真多考虑，扔下 4 万元就走了，小真目瞪口呆，一时反应不过来。等她回过神来，才感到一阵阵撕心裂肺般的痛，她伤心欲绝却又无可奈何，悔恨自己为什么会跟上一个如此绝情、不负责任的男人。吴立以为金钱可以解决一切，一走了之，而此时的小真却万分纠结：孩子要不要生下来？若把孩子生下来，自己就是未婚妈妈，不能工作没有收入，仅凭吴立留下的 4 万元生育孩子简直是杯水车薪，以后的生活状况无法想象；若再次做人工流产手术终止妊娠，又担心造成严重的身体损害，留下日后健康和生育隐患，甚至可能就此丧失生育能力，再也做不成母亲了。毕竟，小真半年前才做过一次流产手术。小真想找到吴立心平气和地协商，但吴立为躲避她已消失得无影无踪，根本联系不上，又不敢和远在北方的家人细说原委，她不知道该如何是好，遂来到广州市妇联求助。

市妇联工作人员十分理解和同情小真的处境，详细解答了她的咨询，诚恳地给她提出建议：一是考虑终止妊娠，吴立留下的 4 万元作为治疗养身费用，此款虽然远远不能弥补她身心的伤害，但聊胜于无，因为法律并没有规定同居关系当事人之间的权利义务，同居一方向另一方主张损害赔偿的主张将得不到支持；二是考虑把孩子生下来自己抚养，向吴立主张孩子的抚养费。

《婚姻法》明确规定，不直接抚养非婚生子女的生父或生母，应当负担子女的生活费和教育费，直至子女能独立生活为止。据此，孩子的权益是受到法律保护的，向法院起诉吴立给付抚养费用，能够得到支持。

小真对妇联工作人员的咨询服务很满意，忧心忡忡地离去后，再也没有跟妇联工作人员联系，不知她最终作出了什么决定。

案例评析

小真可以说是许多年轻女性同居者的一个典型或者缩影，她的痛苦经历折射出未婚同居生活的部分真相。她们兴高采烈冲着爱情而去，不顾家人亲友的意见，甚至瞒着家人亲友与恋人同居，以为幸福生活就此拉开了序幕。然而，理想很丰满，现实很骨感，当爱情的亮色渐次暗淡下去，尤其是意外怀孕之后，权益保障的巨大缺失便会露出它冷酷的面目。因为男方可能（也可以）随时抽身而退，遗留下一地鸡毛让女方在困境中哭泣。

本案中，小真一年再度怀孕而男友挥手而去，冷冰冰地诠释了年轻女性未婚同居的风险和成本。对此，有学者通过研究案例提出了"同居成本"论：四项同居成本中，女性均偏高甚至代价沉重，男性均偏低或几乎为零。一是社会文化成本，社会对同居持宽容态度，但宽容不等于肯定，对女性其实有时偏向于否定；二是身体健康成本，男女的生理特点决定女性同居后易感染妇科病，一旦怀孕处理不当就会落下后遗症，对身心损害极大；三是经济成本，同居未必为将来组建家庭考虑，但经济负担比一个人生活重许多；四是心理成本，同居生活失败对男性负面心理影响不明显，且能增加处理男女关系的经验和信心，但对女性负面心理影响显著，会给多数人留下心理阴影，对处理男女关系越来越不自信。可见，年轻女性在同居生活中受伤的概率更大，做决定时一定要谨慎再谨慎。

本案还有一个问题应当注意，吴立给小真留下4万元的行为在法律上如何定性？笔者认为，分析这个问题要避免两个误读：一是认为是男方的赔偿金或补偿金，因为这不是法定的或者有法律依据的男方该当履行的给付义务；二是认为是给孩子的抚养费，因为孩子是还未出生的胎儿，向男方主张抚养费用只有孩子出生之后才有法律依据，且孩子出生之后抚养费的多少并不是由男方自定。因此，对该行为正确的法律定性应当是赠与行为，即是吴立自愿赠与小真四万元，且赠与行为已经完成，不可撤销。

维权知识

婚内赠与房产行为的法律效力问题（一）

赠与，是赠与人将自己的财产无偿给予受赠人、受赠人表示接受的一种行为。这种行为的实质是财产所有权的转移。赠与行为一般要通过法律程序，即签订赠与合同（书面、口头合同或其他形式）来完成。赠与合同是典型的无偿合同和单务合同，即赠与人无对价而支付利益，受赠人不负担任何对等给付义务即可获得利益，这一合同关系不适用等价有偿的交易原则。因此，赠与合同的法律效力问题也比较复杂。房产一般是家庭的最大宗财产，婚内赠与房产很重要，其合同效力问题有如下五种情形：

一是，夫妻将房产赠与子女，又可分为赠与成年子女和赠与未成年子女两种情况。如赠与成年子女，只要子女表示接受，一般不存在法律效力问题。但实践中，有的夫妻在离婚协议中约定将房产赠与未成年子女，未成年子女是无民事行为能力或限制民事行为能力人，不能作出接受赠与的意思表示，此时夫妻双方既是赠与人又是受赠人的法定代理人，赠与是否有法律效力？一般只要查明夫妻赠与意思表示真实、明确，即可以认定赠与合法有效。赠与的房产是否办理过户手续，不影响赠与合同效力。

十八、抚养费独木难支　诉生父法援助力

案情简介

2015 年初，湖南女子清梅哭着来到广东省韶关市妇联权益部，请求市妇联为她的孩子主持公道。清梅说自己几年前来到韶关打工，因年幼无知，与做生意的男子阿伦发生关系，同居了一段时间，分手后发现怀孕了，因害怕一直不敢声张。生下孩子后，只能靠自己打工的微薄收入抚养孩子，生活过得十分艰辛。如今孩子 5 岁了，即将上学读书，加上现在教育费、医药费都很高，自己独自一人很难支撑下去，希望孩子父亲能承担一部分抚养费。她曾向孩子的生父提出给付抚养费问题，但阿伦毫不理会。所以，她鼓起勇气来到市妇联请求帮助。

市妇联权益部接访此案后，决定帮助清梅通过司法途径解决问题。工作人员与市法律援助处协调，为清梅申请了法律援助，并积极与法援律师沟通诉讼代理事宜。律师很快约见清梅熟悉案情，为她代书了民事起诉状，向韶关市浈江区人民法院提起诉讼。法援律师还根据清梅经济十分困难的实际情况，协助她向法院提出司法救助申请，请求减交、缓交、免交诉讼费。法院准予清梅缓交诉讼费。

法院受理立案后，法援律师又协助清梅申请亲子鉴定，请求法院委托鉴定机构对阿梅的儿子与阿伦进行亲子关系鉴定。法医鉴定中心进行了 DNA 鉴定，结论是清梅的儿子与阿伦存在亲子关系。随后，法庭依法审理了这宗非婚生儿子向生父追索、给付抚养费的民事纠纷案，认定了原告与被告存在亲子关系、被告没有依法履行抚养义务的事实，于是作出如下判决：被告向原告生母清梅支付原告 1 至 5 岁的抚养费 2 万多元；每年向原告生母给付原告抚养费 4 800 元，至原告能独立生活为止，并承担原告教育和医疗费用的 50%。双方服判，没有上诉。

事后，清梅在几个朋友的陪同下，拿着一面印有"维护合法权益，造福

妇女儿童"的锦旗来感谢市妇联。这位打工女子眼含热泪地说:"今天我送这面锦旗来,远远表达不了我的感激之情。我和儿子永远不会忘记你们,没有你们妇联大姐的帮助,我真不敢想象孩子今后的生活将是怎样的困苦!"

案例评析

本案中,清梅五年前非婚同居生下儿子,心高气傲地带着孩子分手,以为凭一己之力也可将儿子抚养长大。但是,她高估了自己的决心和能力,如今孩子五岁了,她感到独木难支,想要抚养好孩子也是力不从心了。问题是,事情已经过去五年了,她还能从孩子生父身上打主意吗?对此,她求助于韶关市妇联的结果,就是最好的回答和说明。

本案所涉及的两点法律问题很有必要加以说明。一是,当初清梅决定自己独自抚养非婚生子,并且实际抚养了五年,孩子的生父阿伦的抚养义务是否就此免除?答案是否定的。因为同居关系的女方当事人即使有约定,也不能改变非婚生子女与生父母之间的亲子关系,父母子女之间法律上的权利义务关系不能消灭。当生母或生父一方无力抚养孩子时,另一方必须承担相应的抚养义务。二是,双方已经分手五年了,为什么清梅还能向法院起诉阿伦?其实,准确地说,并不是清梅本人向阿伦要抚养费,而是她替儿子向儿子的生父要抚养费。因为孩子是无民事行为能力人,清梅是作为孩子的法定代理人来代理他主张权利,当然就可以以孩子的名义起诉阿伦。此外,清梅以孩子法定代理人身份为孩子寻求救助而起诉阿伦,也不存在诉讼时效的障碍。

本案中,妇联组织根据清梅具体诉求和男方的态度,没有走平常的调解路子,果断决定通过法援诉讼途径来救助,成功维护了清梅母子的合法权益,专业水准和敬业精神都值得点赞。

维权知识

婚内赠与房产行为的法律效力问题(二)

二是,夫妻将房产赠与父母、兄弟姐妹等其他家庭成员,只要赠与合同双方当事人意思表示一致,赠与合同即成立且生效。至于受赠人是否占有、使用房屋,是否办理房产过户手续,不影响赠与合同效力。但因为房产是不动产,依照《合同法》关于赠与的财产依法需要办理登记等手续的,应当按照有关手续之规定,在签订赠与合同后立即办理赠与房产的过户手续,以对抗善意第三人。

三是，婚内夫妻一方将属于个人婚前的房产赠与另一方，双方签订了赠与协议，赠与合同即成立并生效。至于是否办理房产过户手续，不影响赠与合同的效力。但此时受赠人只享有债权，并未取得房产的所有权，因此在对方反悔时，可诉请对方协助办理房产过户手续。

十九、未婚女门口临盆 镇妇联援手救助

案情简介

珊珊是一名 16 岁便离开老家来东莞打工的四川妹子，在虎门工作已有四年时间。2013 年 8 月，珊珊遇到了在当地酒店工作的阿健，两人很快坠入爱河开始同居生活，两个月后珊珊就怀上了孩子。2014 年 4 月底，阿健在酒店与客人发生纠纷打架，随后因害怕被人寻仇，丢下临盆在即的珊珊，逃离了虎门。2014 年 5 月 28 日早上，珊珊感到肚子疼痛，打算到出租屋附近的北栅医院就医。由于疼痛剧烈，珊珊一到医院就躺在门口动弹不得，但医务人员问其情况时，珊珊却闭口不谈，只是一味呼喊医生尽快救救她肚子里的孩子。医务人员感到事情十分难以处理，于是请求镇妇联派员赶来协助。

妇联与医院工作人员发现珊珊出现身体透支迹象，让她继续躺在医院门口后果难料，于是决定先将她接入医院进行治疗。但办理手续时，珊珊称没有带身份证；要求通知家人到医院来，她一再拒绝；问孩子爸爸的电话号码，她摇头不语。情况危急，救人要紧，医务人员为珊珊进行手术，镇妇联工作人员着手寻找孩子爸爸。幸好，珊珊的手术有惊无险，母子两人的各项身体指标均良好，大家都松了一口气。

但接下来的事就很棘手了。医院既顾虑医药费无着落，因为珊珊根本没有经济能力；又担心珊珊会抛弃孩子或利用孩子诈骗勒索，因为珊珊不肯通知家人到医院，身上又没带任何证件。镇妇联工作人员决定，先让社工安抚珊珊的情绪，与其建立良好的信任关系后再了解清楚情况。社工慢慢地取得了珊珊的信任，拿到了她"丈夫"的手机号码。工作人员尝试拨打对方号码，但没有人接听。原来，是珊珊有所隐瞒，于是社工一直和她保持沟通，希望能找到她"丈夫"的一些线索。妇联工作人员购买了初生婴儿所需物品，送到医院给珊珊，珊珊很感动，说她不愿意让"丈夫"到医院来，是因为害怕他被仇家找到。珊珊称，"丈夫"阿健曾答应她不会去很远的地方，孩子差不

多出生时他便会回来，但是她也不知道现在他在哪里。

工作人员和社工一面耐心劝说珊珊，彻底打消她的忧虑；一面到阿健曾经上班的单位和地方联系查找，终于在石碣一家电子厂找到阿健。阿健听工作人员说明情况后，当天便赶到医院支付了医药费，负起照顾珊珊母子的责任。至此，这一宗让当地医院绷紧神经的无名女子医院门口临盆产子、可能引发生命危险和社会风险的救助案，在当地妇联组织的积极努力下，圆满结案。与此同时，妇联工作人员也开始督促阿健和珊珊办理结婚登记、办理准生证和孩子入户等事宜。

案例评析

其实，本案不能算是同居双方当事人发生纠纷的案例，因为女方珊珊与男方阿健之间不存在因感情、怀孕、生子、财产等方面导致的矛盾冲突，两人也没有分手的打算。笔者将此案选入，主要是认为有两点值得评析。

一是，青年女子未婚同居怀孕，遇到严重困难或者处于危急状态时，面对来自社会的异样目光，要不要寻求救助？怎样寻求救助？笔者认为，一定要寻求救助。理由有很多，最主要的就一条：珍爱生命，千万不要因为可以原谅的小错而酿成无法挽回的大错。本案中，珊珊即将临盆，倒在医院门口动弹不得，却不告诉医务人员自己姓甚名谁，拒绝说明未婚怀孕男友失联的情况，让医院一时间束手无策。院方在这种情况下，担心不可预测的风险和责任而不敢贸然施救，这是可以理解的。如果因此酿成悲剧后果，院方可能会面对来自社会的巨大压力，甚至受到行政管理方面的惩罚，珊珊家人及其男友也要承受不堪承受的结果。姗姗不如实告知自己情况的做法是极不可取的，好在有惊无险，院方及时联系了当地妇联组织，双方配合避免了可能发生的危险结局。至于说怎样寻求救助，是并不需要费多少精力的事，打 12338 妇女求助维权热线、警方 110 等，或者直接向当地基层组织求助，都是可行的办法。

二是，基层妇联组织怎样切实有效帮助陷入困境的未婚妈妈？这是一个从观念到实践都不那么容易回答的问题。从观念上看，主流观点往往认为未婚同居是"非法"的行为，未婚怀孕更是对社会极不负责任的举动，当事人自作自受，应当让其承担自己任性的后果。从实践中看，即使想努力帮助、救助这些陷入困境的未婚孕妇和未婚妈妈，由于有许多具体实际的困难，帮助、救助工作往往事倍功半。对此，笔者认为，从观念上我们应当摒弃成见，不歧视不旁观，正视未婚同居以致怀孕、产子这个现实存在的社会现象，最大限度地防止这个社会现象演变成社会问题，才是我们应当承担的社会责任和努力方向。实践中，由于未婚孕妇、未婚妈妈的身份还得不到充分的法律保护，很多时候在处理这类案件时会显得束手无策，但如果善于运用社会工作手法来应对处理，就可能取得很好的成效。本案中，东莞市的妇联组织正是这样做的，派出社工介入后，通过关注、共情、理解等建立良好关系，取得珊珊信任讲出实情，最后促使问题得到解决。这种熟练运用社会工作手法帮助困境妇女的经验，值得借鉴。

维权知识

婚内赠与房产行为的法律效力问题（三）

四是，夫妻一方将房产赠与他人的赠与合同效力，取决于赠与房产的法律性质是否为夫妻共同共有财产，以及夫妻另一方的意思表示或其所享有的法定权利。如赠与房产属于赠与房产的夫妻一方个人财产，不需要夫妻另一方的同意，赠与合同即成立且生效；如赠与房产为夫妻共同共有财产，且赠与行为未经夫妻另一方同意事后又不追认的，即属于夫妻单方擅自赠与共同共有财产的赠与合同效力问题。对此，《物权法》规定：无处分权人将不动产或者动产转让给受让人的，所有权人有权追回；除法律另有规定外，符合下列情形的，受让人取得该不动产或者动产的所有权：（一）受让人受让该不动产或者动产时是善意的；（二）以合理的价格转让；（三）转让的不动产或者动产依照法律规定应当登记的已经登记，不需要登记的已经交付给受让人。受让人依照前款规定取得不动产或者动产的所有权的，原所有权人有权向无处分权人请求赔偿损失。当事人善意取得其他物权的，参照前两款规定。

五是，例外情形。一般情形下，婚内房屋赠与合同自当事人意思表示一致即成立且发生法律效力。但有例外情形，夫妻以损害国家利益、社会公共利益或他人的合法权益为目的，或者为逃避债务，将房产赠与他人的，赠与合同无效。

03／婚内"出轨"纠纷篇

一、大老板拒认亲儿　小女子跳江求助

案情简介

原告陈丽与被告朱金平于2011年3月相识。陈丽时年26岁，肤白貌美又温柔多情；朱金平则是某企业集团的老总，年过不惑、沉稳气派，自称单身。两人情投意合，很快就发生了性关系并开始同居。2011年7月底，陈丽到医院检查得知已怀孕两个月，就催促朱金平结婚。朱金平这才向她坦承自己隐瞒了已婚事实，并向陈丽称他正在办离婚，劝她将孩子生下来，他保证会对她和小孩负责。

2012年3月，原告陈丽生下儿子小诺，但朱金平却不见了踪影，他的保证和承诺全打了水漂，陈丽只好独吞苦果。两人的非婚生子小诺自出生起，一直由原告陈丽抚养和监护，被告朱金平没有尽过抚养义务。陈丽为了照顾儿子辞去工作寄住在朋友家中，没有经济收入生活十分困难，多次要求朱金平给付儿子抚养费未果。2012年12月某日，双方终于见面就儿子抚养等问题进行磋商并达成协议，朱金平同意付给陈丽小孩抚养及补偿费。但是签过协议之后，朱金平再次销声匿迹了，一直没有按协议履行对儿子小诺的抚养义务。原告陈丽因此到广州城内的省、市、区各行政部门信访，但信访寻求帮助未果。陈丽感到走投无路，悲愤绝望之下决定采取极端行动，让社会关注到自己的困境。那天，陈丽抱着儿子悄悄爬上了横跨珠江、连接广州南北城区的海印桥桥头，宣称要背着孩子跳桥自杀。海印桥是交通要道，一个女人抱着孩子在那里叫喊着要跳入珠江，致使该处交通几近瘫痪，此事件果然受到社会的高度关注。

陈丽被救援之后，广州市海珠区法律援助处为她提供法律援助，指派律师作为她与朱金平抚养纠纷一案的诉讼人代理。法援律师经过多次与陈丽面谈沟通，制订出专业且可行的诉讼方案，于2013年9月向广州市荔湾区人民法院提起抚养纠纷诉讼，请求判令：一、非婚生儿子小诺由原告抚养，朱金平每月向原告支付儿子抚养费 50 000 元,直至儿子年满 24 岁止;二、被告承担本案全部诉讼费用。对此,被告朱金平答辩称:一、与原告素不相识没有发生不正当关系;二、原告诉称的小孩由谁抚养与其无关,他没有义务承担小孩抚养费,更不应该作为本案的被告,法院应当依法驳回原告的诉讼请求。

原告被告双方针锋相对,一场因同居非婚生子引发纠纷的诉讼大战拉开序幕。原告陈丽的法援律师认为,本案审理原告儿子小诺的抚养问题,前提是要先审查确定被告朱金平与小诺之间是否存在亲子关系。因此,原告在开庭时增加了诉讼请求:确认小诺是原告和被告的非婚生子女,请求朱金平配合进行亲子鉴定。为证明小诺是原告和朱金平的非婚生儿子,原告提交如下相关证据:一、录音材料,证明双方相识后有发生性关系,并多次协商小孩抚养问题等事项;二、转账明细交易,证明与被告有关的有限公司曾转款人民币四万元到原告账户;三、新生儿疾病筛查采血记录卡、接种疫苗预约单联,上面显示儿童姓名小诺、父亲姓名朱金平、母亲姓名陈丽,另外还提交了其他可证明原被告相识的证据。原告陈丽提交了以上必要证据,证明被告朱金平与其儿子小诺存在亲子关系,并主张申请进行司法亲子鉴定。然而,被告朱金平不予回应,他没有出庭对原告提供的录音材料进行质证、鉴定,也坚决不进行司法亲子鉴定。对此,陈丽的法援代理律师认为,根据《婚姻法解释(三)》第二条第二款规定:"当事人一方起诉请求确认亲子关系,并提供必要证据予以证明,另一方没有相反证据又拒绝做亲子鉴定的,人民法院可以推定请求确认亲子关系一方的主张成立",法庭应当推定被告与原告儿子小诺存在亲子关系。

另外,在依法可以推定被告与原告儿子存在亲子关系的前提下,被告依法应当支付非婚生儿子小诺的抚养费。为证明朱金平的收入状况,原告提供了广州市工商行政管理局出具的企业注册基本资料,证明朱金平是某企业集团的法定代表人及董事长,且其对该企业的出资份额为 3 915 万元,占出资比例高达 88.68%,因此绝对有能力每月向原告支付儿子抚养费 50 000 元直至儿子年满 24 岁。同时,基于自儿子小诺出生后被告朱金平没有尽到抚养义务,原告主张法庭应判令被告支付小诺出生之后至本案判决之前的抚养费。

法院经过四次庭审后查清了本案事实,依照相关法律法规及司法解释的规定,作出如下判决:一、自本判决发生法律效力之日起,原告陈丽与被告朱金平的非婚生儿子小诺由原告陈丽抚养;二、自本判决发生法律效力之日起一个月内,被告朱金平按每月抚养费 3 000 元计算,一次性向原告陈丽支付非婚生儿子小诺自 2012 年 3 月起至判决生效之日止的抚养费;三、自本判决发生法律效力之日起，被告朱金平每月向原告陈丽支付非婚生儿子小诺的抚养费 3 000 元至小诺独立生活时止；四、驳回原告的其他诉讼请求。法援律师的大部分代理意见被法院采纳，原告的大部分诉讼请求被法院支持，原告及其儿子的合法权益得到了保障。

案例评析

本案中，陈丽与一位瞒婚老板非婚同居生子，此番经历使得她由一个青春靓丽的白领丽人变成一位以当众自杀相威胁的现代 "泼妇"，真是令人感慨万千。但人们感慨之余也不免生出一些疑问，面对一个身家千万的中年男士声称自己仍然单身，陈丽怎么就会轻易相信了？答案只有她本人最清楚，或许她真是遇人不淑，或许她是心存侥幸，或许她是工于心计另有所图。笔者认为，这些疑惑即使有了真相也意义不大，真正有意义的是此案能给陈丽们一个警示：与 "大老板" 非婚生子所面临的困境，远远超出了你的想象。

从法律上看，解决本案纠纷的关键在于确定原告陈丽所生儿子与被告朱金平有无亲子关系。按当下法医技术水平，解决这个问题没有什么难度，做个 DNA 亲子鉴定即可得出可靠的结论。但在司法实践中事情并没有这么简单，如果随意称孩子与某人有亲子关系要求做鉴定，能支持吗？又如果对方拒绝做亲子鉴定，该怎么办？对此，司法既要防止滥用诉讼权利又要保障公平正义，在处理亲子关系纠纷时，如果一方提供的证据能够形成合理的证据链条，证明相关人之间可能存在或不存在亲子关系，另一方没有相反的证据但又坚决不同意做亲子鉴定的，即可以推定存在亲子关系。最高人民法院《婚姻法解释（三）》第二条就是这样作出规定的，即不配合法庭进行亲子鉴定的一方要承担败诉的法律后果。本案中，原告方已向法庭提供了必要的证据，证明被告与原告儿子存在亲子关系，而被告又没有提出相反证据，也没有对原告提交的证据进行质证、审查，无法在证据上推翻原告的主张，更拒绝做亲子鉴定，因此依法推定被告朱金平与原告儿子小诺之间存在亲子关系。

本案是身份关系类型之一的亲子关系的纠纷诉讼，亲子关系诉讼包括否认婚生子女和认领非婚生子女的诉讼，即否认法律上的亲子关系或承认事实上的亲子关系。本案中，原告陈丽和被告朱金平没有办理结婚登记，她的儿子属于非婚生子女。我国婚姻法等法律法规对非婚生子女与婚生子女予以同等保护，但这种保护也是以存在亲子关系为前提的。被告否认与原告儿子之间存在亲子关系，若有证据证明其主张成立，则原告不能向其主张抚养费。

因此，本案也启示我们，要注意收集和保存一些必要的证据，当同居男方以非亲生为由不承担对非婚生子女的法定义务时，可以提起确认亲子关系诉讼，维护自己和孩子的合法权益。

维权知识

什么叫举证责任？

民事诉讼中的举证责任，是指当事人对自己提出的主张有收集或提供证据的义务，并有运用该证据证明主张的案件事实成立或有利于自己的主张的责任，否则将承担其主张不能成立的危险。我国《民事诉讼法》第六十四条规定："当事人对自己提出的主张，有责任提供证据。"可见，除非法律另有特别规定，"谁主张，谁举证"是举证责任分配的原则标准。

2001年最高人民法院出台《关于民事诉讼证据的若干规定》的司法解释，对"谁主张，谁举证"的举证责任分配作出了更细化的规定：当事人对自己提出的诉讼请求所依据的事实或反驳对方诉讼请求所依据的事实有责任提供证据加以证明。没有证据或者证据不足以证明当事人的事实主张的，由负有举证责任的当事人承担不利后果。此细化规定中的"举证责任"有两层含义：一是说，当事人负有实施提供证据的行为以证明其主张的责任；二是说，当事实真伪不明时，由主张该事实的当事人承担不利的诉讼后果。

二、昔日 "小三" 患绝症　追讨孩子抚养费

案情简介

2012 年 7 月某日，小娟来到佛山市顺德区勒流街道妇联反映：她与黄连居委会某小组的已婚男子萧程于 2006 年 5 月非法同居并生育一名小孩，后来分手了。分手后，她曾多次向萧程提出办理小孩入户手续及支付小孩抚养费，但萧程置之不理。如今，小娟被确诊为白血病，积蓄耗尽，无奈之下求助妇联，希望妇联能帮她找到萧程，解决小孩抚养费和入户问题。

街道妇联及维权站了解此事后，先对小娟进行了批评教育，她既然知道萧程是有妇之夫，还要做 "小三" 破坏别人的家庭，这样的行为必然受到社会道德谴责。小娟表示，她也知道自己的不是，但事情已经发生了，现在知错也不能回头了。但是，她的儿子是没有错的，希望有关部门能为她解决儿子的抚养问题。第二天，维权站工作人员先向居委会了解了萧程的情况：萧程目前与他的妻子经营一家企业，从表面看他们夫妇恩爱，从没听说过他有外遇。接着，维权站工作人员约见了萧程，表明来意后，萧程称他与小娟是朋友关系，曾经发生过性关系，但是彼此自愿，到现在已差不多一年没有见过她了；至于这个小孩的问题，他也不确定是不是他的，他会找朋友跟小娟说清楚并解决处理的。

维权站工作人员将调查情况反馈给小娟，跟她说明了萧程的意思，让小娟先等待萧程的回音再决定下一步方向。过了一段时间，小娟打来电话说："萧程的朋友昨晚向她说，萧程否认这个儿子是他的，要求她以后不要再骚扰他了。"小娟希望帮助她申请法律援助，走诉讼途径争取儿子的权益，但她没有证据证明与萧程的关系，担心起诉到法院也不一定能胜诉。2012 年 8 月某日，维权站工作人员与小娟到镇司法所，咨询有关申请法律援助的条件，司法所有关人员说："按小娟的这种情形，即使申请了法律援助也没用，她连最基本的证据都没有，法院是不会立案的。"小娟请求工作人员帮她写一份民事

起诉状，让她自己先到法院试试。于是，司法所工作人员便代小娟的儿子写了民事起诉状。

几天后，维权站工作人员接到小娟的来电，称她没有证据能证实与萧程的关系，法院不立案，不知道该怎么办。维权站工作人员分析认为，萧程是个私营企业老板，经济方面应该没有问题，但他可能担心事情败露会造成其他不良后果。因此，决定再与萧程联系沟通，可以做亲子鉴定来确定这个小孩是不是他的亲生儿子，进一步劝告他接受调解。

2012年9月某日，小娟找到维权站工作人员，称她已打了多次电话给萧程，发了多条短信给他，但他总是没有回复。她儿子正在发高烧，他再不理不管，她就抱着儿子撞他的车，跟儿子一起去死。维权站工作人员马上劝说小娟，安抚她的情绪，平息她心中的怨恨，要求她尽快带儿子治病。如果延缓了治疗的时间，小娟将来可能会抱恨终身，请她相信妇联组织一定会帮助她的。小娟听了维权站工作人员的劝说，先带儿子看病，耐心等待消息。次日，维权站工作人员通过萧程的朋友约见了萧程，向他说明小娟有轻生的念头，想与孩子一起去死。同时，严肃地向他说明："如果你否认孩子是你亲生的，你应提出证据来，你也承认与小娟曾经有过性关系，做亲子鉴定是最有效的办法。如果继续这样下去，小娟一定会去找你的家人，可能还会做些伤害你家人的事情。小娟说过，如果亲子鉴定认定这个小孩不是你的儿子，她以后不会再骚扰你的。"萧程无言以对。经过维权站工作人员多次劝导，他的态度软化了，最终愿意和小娟协商解决小孩的问题。

2012年9月某日，维权站工作人员约小娟及萧程到勒流司法所进行调解协商。经过妇联维权站、司法所工作人员几番努力，小娟及萧程最后达成了调解协议，双方确定：一、孩子由母亲小娟携带抚养，直至十八岁为止。萧程同意未做亲子鉴定排除孩子非其亲生儿子之前，每月负担抚养费人民币550元，直至儿子满十八周岁为止，抚养费在每月十日前存入小娟的农行卡。如萧程逾期三个月没有支付抚养费，小娟可代理儿子通过法律途径全额追讨。二、双方约定，待孩子成年后随父或随母可自由选择，父母均不得妨碍。孩子随母入户，孩子的名字由小娟决定，但姓氏一定是某姓，就算小娟今后结婚也不能改变孩子的姓氏。孩子的姓氏待其成年后可自由选择，双方都不能阻挠。三、萧程同意在双方签订本协议当日，以现金方式一次性支付人民币三万元给小娟，用于缴纳超生的社会抚养费，不足部分由小娟补足；如小娟不能在两个月内为儿子办理入户，要双倍返还萧程所付的社会抚养费。四、因萧程对孩子是否属其亲生儿子存在怀疑，保留做亲子鉴定的权利，如萧程提出亲子鉴定的要求，小娟要无条件协助。五、萧程对儿子有随时探视的权利，小娟不能阻挠，但带走过夜要征得小娟同意。六、以后小娟不得再利用孩子来骚扰萧程，如有一方不遵守的，可通过法律途径解决。

案例评析

本案中，虽然小娟和萧程的同居关系持续时间不长，但双方非婚生子的后续手尾却很长。即使目前双方达成了关于孩子抚养费的调解协议，事情仍然没有画上句号。因为萧程对小娟所生儿子是不是自己亲生的，还存在很大的疑虑，或许将来他会主张进行亲子鉴定，再折腾一番。这样的案例并不罕见，女方明知男方已为人夫却愿意做"小三"，男方明知女方有所图却放纵自我包"小三"，以至于出现非婚生子后矛盾丛生，女方索要钱，男方不认账，孩子的权益也得不到有效的维护，甚至发生令人悲愤的事件。应当怎样调处和解决这类纠纷，确实是一个棘手的问题。

本案中，小娟向萧程追讨孩子抚养费，就必须面对以下两方面的问题：一是她没有证据证明自己曾经与萧程有同居关系，法院不立案，如果男方坚持否认小孩是亲生子，那怎样解决？二是即使目前的困难暂时解决了，但小娟及小孩对萧程一家来说，就是一个无形的"定时炸弹"，男女双方都不知道将来会遭遇怎样的结果。就第一个问题来说，小娟幸运地得到了妇联组织的有力帮助，维权站工作人员抱着不放弃的精神果断决策，直接找男方调解，在居委会、司法所的配合与支持下，使案情转危为机，小娟才得到较好的结果。至于第二个问题，只能拭目以待。

从法律方面来看，本案也给出了一些重要提示：同居关系并非婚生育的当事人必须要有证据意识，如果不能提供证实对方与自己存在某种关系的基本证据，想要真正维护自己的权益较为困难。目前，在非婚生子女抚养费强制执行方面尚没有完善的法律予以规范，抚养费给付义务的法律约束软弱无力。这类案件是司法性质的民事纠纷，若男方当事人否认亲子关系或者不履行义务，女方当事人向法院提起诉讼时，法院将可能因为女方举证不能而不予以支持。而女方当事人往往是较为弱势的一方，举证能力非常微弱，她们往往连义务人的基本情况都一无所知，对义务人的财产情况尤其难以查实。实践中，在我们接触到的追讨非婚生子女抚养费的案件中，能如愿成功解决的不多。

维权知识

什么是民事诉讼证据？主要包括哪些东西（一）？

民事诉讼，是指能够证明民事案件真实情况的客观事实材料。法律对民事诉讼证据有三个最基本的要求，即客观性、关联性和合法性。客观性，是指作为民事证据的事实材料必须是客观存在的，且能够为人所认识和理解。因此，当事人不得伪造、篡改证据，证人不得做伪证，鉴定人要提供科学、客观的鉴定结论。关联性，是指民事证据必须与案件的待证事实之间有内在的联系，或者是有直接的联系，即事实材料所反映出来的事实本身就是待证事实的一部分；或者是有间接的联系，即事实材料所反映出来的事实能够间接证明某一待证事实成立。合法性，是指作为民事案件定案依据的事实材料的存在形式必须合法，获得、提供、审查、保全、认证、质证等证据的程序也必须合法。

三、已婚男瞒糊涂女　生子女赖抚养费

案情简介

　　阿霞，茂名信宜人。自 2004 年起，在不知道阿宁已经结了婚的情况下，与他同居并先后生下一子一女。随着子女抚养费用的不断增加，加上两人在性格、年龄上有较大差距，阿宁开始不断找茬和阿霞争吵，双方时有打架。2007 年，阿宁因超生两名子女被行政处罚，需缴纳数额较大的社会抚养费，阿霞才了解到他是有妇之夫，早已有家有子女。阿宁为逃避责任，把一对儿女都丢给阿霞，独自离 "家" 出走，从此对儿子和女儿不闻不问，也没有给付一分钱抚养费。阿霞多次追索均遭到阿宁拒绝，只好靠当保姆、打散工等谋生，独自抚养一对儿女，默默吞咽当初轻信阿宁、轻率同居生育的苦果。2013 年 9 月，孩子均需入学读书了，阿霞的生活更是陷入了困境。

　　当年 12 月，阿霞在某镇妇联帮助下，到信宜市人民法院起诉，请求判令阿宁支付孩子的抚养费、医疗费等合计 6.8 万元。法院经审理认定阿霞的两名子女系阿宁非婚生子女，判决阿宁支付各项费用合计 6.8 万元给阿霞；一对子女由阿霞抚养，阿宁每月支付两小孩抚养费 1 000 元至其 18 岁止。可是，阿宁却拒不履行生效判决，继续避而不见。阿霞多次找法院执行判决，终因找不到阿宁而未果。为此，阿霞来到广东省妇女维权与信息服务站（信宜站）寻求帮助，希望服务站可以帮她协助法院执行判决，找到阿宁追索抚养费。

　　信宜站工作人员十分同情阿霞的境遇，决定全力为她和孩子讨回公道。服务站工作人员经过多番努力，联系上了阿宁，要求他到维权站来对整个案件进行核实，双方协商寻求解决之道，否则他将面临法院对他拒不履行生效判决的司法处罚。阿宁接受了工作人员的建议，称愿意到信宜站和阿霞协商给付抚养费之事。第二天，阿霞在维权站却迟迟等不到阿宁的出现，工作人员电话联系他，他反悔说自己出差来不了。

　　首次调处不成，信宜站工作人员没有泄气。为了使阿霞母子尽快摆脱生活困境，工作人员又多次与阿宁联系沟通，了解到阿宁不愿意给付抚养费，是因为他认为和阿霞没有登记结婚，两名子女不算是结婚生下来的，自己又被超生处罚了，因此不愿履行法院的判决。针对阿宁的这个"心结"，工作人员多次通过电话交谈、当面沟通的方式对他析法，耐心细致地解释法律关于非婚生子女依法享有与婚生子女同等权利的规定，严肃告诫他拒不执行法院生效判决的后果；同时，从亲情、伦理、责任的角度，对其动之以情、晓之以理。经过工作人员反复耐心的劝导，阿宁最终认识到拒不履行法院生效裁判文书义务和规避执行的严重性，对自己拖欠、拒付子女的抚养费的行为感到惭愧，主动联系法院执行法官，向法院支付了 6.8 万元的执行款，同时承诺以后的抚养费也将按期给付。几天后，阿霞在法院领取了阿宁支付的 6.8 万元，这一起非婚生子女抚养纠纷案画上了句号。

案例评析

已婚后还与他人同居的现象并不少见，有仅一方已婚的，也有双方均已婚的，因此而发生纠纷的情况也比较复杂，甚至很多情形下属于刑法所规定的重婚犯罪。在一方当事人已婚的同居中，未婚一方当事人又可分为知情和不知情两种，阿霞就是因不知情而被动地做了"小三"。当下，社会生活多元化变迁越来越显著，年轻女性"被小三"事件也常有发生。本案中，阿霞因为自己缺乏辨识能力与已婚男同居生活，稀里糊涂地成了"被小三"事件的受害者。如果说阿霞是自作自受的话，孩子却是很无辜的，应当得到法律的保护。

相比于纯粹未婚同居生子者，"小三"或"被小三"的女方在争取维护非婚生子女的合法权益时，面临的困难可能更多更大。这是因为作为非婚生子女的生父，可能因其有配偶而与他人同居的行为违反婚姻法、行政法规，触犯刑法等被追究，承担包括过错赔偿、行政罚款、被处刑罚等法律责任。因此，也会造成男方无力或无法支付非婚生子女抚养费的结果。本案中，阿宁就因超生被行政处罚，因此间接影响了阿霞向他索要子女抚养费。

本案中，阿宁是恶意欺骗未婚年轻女性与其同居的一个典型无赖已婚男。他始终隐瞒自己已婚的事实，使女方"被小三"已是莫大的伤害；在女方生下子女后又想一走了之，置两个非婚生孩子的基本权益于不顾，其所作所为完全是无赖行径。尤其是在法院已经作出生效判决后，他还找借口拒不履行判决确定的子女抚养的给付义务。因此，阿霞这样的未婚妈妈，其实是弱势妇女中的更弱势群体，她们的合法权益更需要关心和维护。维权站做到了这点，殊为不易，应该点赞。

维权知识

什么是民事诉讼证据？主要包括哪些东西（二）？

根据我国《民事诉讼法》及相关司法解释的规定，民事诉讼证据有如下的种类：

一、当事人陈述。当事人陈述是指当事人在诉讼中就与本案有关的事实所作的陈述。当事人由于与诉讼结果有着直接的利害关系，当事人陈述就具有真实与虚假并存的可能。因此，对当事人陈述应当结合其他证据进行审查核实，才能作为认定案件事实的根据。

二、书证。书证是指以文字、符号、图形等所记载的内容或表达的思想来证明案件真实的证据。此类证据之所以称为书证，不仅因它的外观呈书面形式，而更重要的是它记载或表示的内容能够证明案件事实。书证表现形式多种多样，主要表现形式是各种书面文件，也可表现为各种物品。书证是被普遍应用的一种证据，在民事诉讼中起着非常重要的作用。

四、无良男又瞒又骗　软弱女一孕再孕

案情简介

阿青 2011 年高中毕业不久，经朋友介绍认识了 30 岁的阿志。两人交往一个多月后，阿志强行与阿青发生了性关系。阿青当时十分害怕，不敢告发，更不敢让父母知道，于是默默忍受了阿志的伤害。阿志抓住阿青的性格弱点，不断以甜言蜜语和小恩小惠追求阿青，两人逐渐发展为恋爱关系，在一起同居生活。同居几个月后，阿青发现自己怀孕了，考虑到双方关系尚未稳定、结婚时机还不成熟，阿青最终选择了人流。2013 年 9 月，阿青再次怀孕了，要求阿志办结婚登记，这才发现他竟然是有妇之夫。阿青既愤怒又伤心，向阿志提出分手，阿志同意并给了阿青 1 万余元作为人流手术费及营养费。

阿青做完流产手术一个月后，阿志又来纠缠了，向阿青说自己确实已经离婚了，还将他的户口本交由她代为保管。阿青经不住阿志猛烈的"爱情"攻势，又继续与他交往同居，盼着两人尽快登记结婚。然而，12 月底阿志的"妻子"就找上门来了，还向当地派出所报案控告阿志重婚。原来，阿志的确曾与妻子关某离了婚，但之后两人又于 2013 年 9 月底复婚了，重新登记领取了结婚证。那时候，阿青正因第二次怀孕与阿志闹分手，完全被蒙在鼓里了。如今，阿青发现自己再次被阿志欺骗，真是痛不欲生，然而此时她已怀孕一个多月，这是她第三次怀孕了。村里计生人员得知情况后，要求她再次实施人流手术。阿青面对阿志的再次欺骗、家人和村里的无形施压、一再人流手术对身体的巨大风险等打击，几乎要崩溃了，整个人陷入了极度痛苦之中。2013 年 12 月某日，无奈之下的阿青抱着一线希望来到东莞市妇女维权站，请求帮助她解决目前的困境。

维权站工作人员为她制订了详细的跟踪处理方案。首先，对阿青进行情绪疏导，提供心理支持。建议阿青尽快到医院做详细的身体检查，了解手术对以后生育是否造成影响，并请求她所在某镇妇联协助联系男方进行调解。

在协调双方进行调解工作期间,维权站工作人员多次为阿青进行心理辅导,引导她消除内心的恐慌与不安,鼓励她主动与家人沟通,争取家人的理解和支持,以此强化阿青的社会支持系统,增强其处理问题的信心。

其次,妇联领导和维权站站长等赶到某镇,对阿青与阿志同居怀孕纠纷进行调解。阿青要求阿志支付手术费及精神损害赔偿 10 万元,并要求阿志保证不再纠缠自己。阿志则认为,双方都是成年人并且是在自愿的情况下发生性关系,不应承担赔偿费用。在赔偿金问题上双方情绪都比较激动,对于赔偿数额双方都不肯作出让步。工作人员听取了双方的情况陈述,见双方情绪激动难以协商,于是分别与二人做工作,希望他们能心平气和地就事论事,坐下来好好解决。

阿志表示愿意支付阿青包括医药费在内的 3.3 万元赔偿金;还怀疑阿青所怀胎儿是不是自己的亲子,要求做 DNA 检查,并询问阿青要求 10 万元是何原因。工作人员向其表示,男女自愿发生性关系并非婚同居,双方都有过错。但阿青已经三次怀孕,再次接受人流手术对之后的婚姻及生育都会有很大影响,如做试管婴儿,费用也会很高。而且,阿志隐瞒已婚事实,一再欺骗阿青,对她确实造成了一定程度的精神伤害。经过三个多小时的调解协商,阿志愿意支付阿青 5 万元,阿青也愿意接受,双方就补偿金额初步达成了一致意见,并签订了调解协议,保证不再往来纠缠。

随后,维权站工作人员进行后续跟进,了解到阿青因精神状态不佳、身体不适,医生建议推迟手术。阿青虽然很希望事情能够尽快得到解决,但很担忧以后的生育问题,情绪也比较低落。工作人员察觉到阿青心中仍有不甘,于是疏导阿青情绪,鼓励她积极面对日后的生活。一周后,工作人员再次跟进时了解到,阿青收到了阿志的补偿金,已接受人流手术,并且打算开始自己的人生新规划,努力用积极的心态去生活。

案例评析

本案中,阿青的遭遇令人同情,同时也使人郁闷。刚刚高中毕业不久的青葱少女结识 30 岁的有妇之夫,幼稚女孩被老练男人盯上,阿青的 "爱情" 以遇人不淑开始,又以身心俱伤终止,令人同情。阿青对阿志第一次强行与她发生性关系(已涉嫌犯强奸罪)的行为选择了忍受,进而心存侥幸与其 "恋爱" 同居,被阿志一骗再骗,造成三度怀孕的结果,不禁让人怀疑其是否具备基本的自尊和自立。此案例,很值得那些刚离开校门踏入社会的女孩们借鉴：以"乱"始者，必将以"弃"终。

本案中，阿青觉得与阿志同居数次怀孕，是被他欺骗的结果。因此，在调解时她理直气壮地提出，阿志必须支付手术费及精神损害赔偿10万元。阿志则认为，双方都是成年人，是在你情我愿的情况下发生性关系的，他不应承担赔偿费用。从法律上讲，阿志的主张是有依据的，同居关系不受法律保护，当事人一方主张另一方对造成同居关系破裂和精神伤害承担过错责任，将得不到法律的支持。但是，如果双方愿意就同居生活中的纠纷进行协商，并达成一方给另一方补偿的协议，法律并不干预，而且协议经双方签字确认即具有约束力。因此，维权站工作人员在调解时，针对双方情绪都比较激动、都不肯作出让步的情况，从情理法理角度做双方的调解工作，经过三个多小时的劝解说服，阿志同意支付阿青5万元，阿青也愿意接受，双方签订了调解协议，保证不再纠缠。这是很正确也很难得的解决方案，能做到这样已经很不容易了。本案中，阿青以为自己要求赔偿是理直气壮的事，但其实是一厢情愿，她的经历只是再度证实：非婚同居容易导致未婚怀孕，对女方的身心健康产生极大的影响；女方需要承担极大的风险，追究对方存在过错责任，于法尚无据可依。

此外，本案还有一个法律问题应当提及：阿青认识阿志一个多月后，阿志即强行与阿青发生了性关系，阿青当时十分害怕，不敢告发。那么，法律对阿志的强暴行为就不追究责任了吗？是的。根据最高人民法院关于办理涉嫌强奸罪案件的相关司法解释，行为人开始时违背妇女意志强行与之性交，但随后双方又自愿发生性关系的，对此前的行为不以强奸论处。通俗地说，"先强奸后通奸"的，对前一强奸行为即不再追究刑事责任了。所以，阿青如果当初确实是被阿志"霸王硬上弓"，也只能后悔自己当初太软弱不敢报案了。

维权知识

什么是民事诉讼证据？主要包括哪些东西（三）？

三、物证。物证是指以物体存在的形状、质量、规格、特征等来证明案件事实的证据。物证通过其外部特征和自身属性来证明案件的真实情况，不受人的主观因素的影响和制约，因此是民事诉讼中重要的证据之一。物证的表现形式很多，通常可见的有：双方争议的标的物如房屋，侵权行为所损害的物体如车辆、家电、衣物等。

　　四、视听资料。视听资料是指利用录音、录像、电子计算机储存的资料和数据等来证明案件事实的一种证据。包括录像带、录音片、传真资料、电影胶卷、微型胶卷、电话录音、雷达扫描资料和电脑贮存数据和资料等。国外一般将视听资料归入书证和物证，但鉴于其具有独立的特点，我国将其归为一类独立的证据加以使用。

五、当初瞒骗求生子 如今拒付抚养费

案情简介

小丽是一名湖北女子，几年前到梅州市五华县打工，认识了阿华。当时，阿华谎称已经和前妻离婚，花言巧语骗取了小丽的信任，两人开始交往恋爱进而同居，同居不久小丽就怀孕了。小丽不断催促阿华尽快办理结婚登记，阿华却以各种借口拖延着，并苦苦哀求小丽生下小孩。直到小丽即将生产的前几天，阿华怕继续瞒下去结果难以预料，才告诉小丽他没有离婚的实情。小丽如挨了当头一棒，虽然痛苦难抑，但还是平安顺利地产下一女孩。阿华见小丽生下的是女儿，不免失望，很快就将小丽母女送回了湖北老家。

从此，小丽母女就一直住在湖北老家，阿华只是逢年过节才寄点生活费给小孩，总共汇寄了 4 100 元。如今，孩子快五岁了，但入户问题一直没有解决。小丽不断催促阿华协助办理小孩入户事宜，阿华却一推再推。2015 年初，小丽为了解决女儿入户问题和索要抚养费，再次从湖北老家来到梅州五华找阿华，没想到阿华却不加理会，躲着不见她。小丽在梅州举目无亲，走投无路，便来到五华县妇联求助。

县妇联权益部负责人安抚了小丽后，随即联系阿华对整个案件进行核实。妇联工作人员决定组织双方进行协商调解，以便帮助小丽尽快解决问题。在权益部负责人多番努力劝说下，阿华表示同意一次性付给小孩抚养费 6.5 万元，并承诺亲自到县妇联来与小丽协商调解，并由权益部负责人做见证人当场交款。然而，到了约定当天，阿华却电话告知，要小丽到他父亲那里拿钱才行。权益部负责人严肃批评阿华言而无信，要求他必须面对现实承担起责任。不料，阿华竟然否认自己认识小丽，更否认与妇联工作人员约定到妇联协商调解双方私生女纠纷之事。

权益部负责人见阿华如此行为，当即告知阿华，他们决定赶到他所在单位，请其单位领导出面进行沟通协调。阿华这下心神不定了，还没有等妇联

工作人员到达阿华所在单位，就来电话声称他父亲已经把抚养费带到妇联了，请求权益部负责人和小丽返回妇联办公室调解。出乎意料的是，阿华一家人全来到了妇联。小丽尚未回过神来，阿华便颠倒是非对小丽破口大骂，称拒绝给一分钱，使小丽的心灵再次受到创伤。事情再度陷入困境，权益部负责人马上向梅州市妇联汇报，请求市妇联指导协助妥善解决此案。市妇联主管领导高度重视，亲自接待小丽，主动联系阿华并认真做阿华妻子的思想工作，争取她的理解与配合。同时，通报阿华所在单位领导，要求有关领导批评督促阿华改正错误行为，依法承担对非婚生子女的抚养责任，避免发生极端事件。最终，阿华和小丽双方达成协议，阿华一次性支付小孩抚养费 4 万元。小丽的诉求得到了解决，称赞县妇联为她这个外省打工妹积极奔走，公平公正地维护了她的合法权益，确实是"妇女的好娘家"。

案例评析

实践中，妇联组织接受妇女群众有关同居纠纷的来信来访，在听取了求助者所表达的维权诉求后，往往会面临着几重矛盾：一是求助者的主观认知与实际情况的矛盾；二是求助者的维权诉求与妇联工作职能的矛盾；三是求助者一方的合理要求与对方当事人的无理拒绝的矛盾。要准确掌握和处理这些矛盾是比较困难的，特别是基层妇联组织人手少而工作任务多。

因此，笔者认为本案对基层妇联组织如何应对和处理好这些矛盾，很有参考价值。首先，上下级妇联组织通力协作。本案中，正是梅州市妇联及时出手支援县妇联，才使调解工作出现转机，体现了梅州妇联系统通力合作一体化维护妇女合法权益的特色。其次，找准了无理耍赖的男方当事人的软肋。阿华一类的行为者，很清楚女方经不起长时间的来回折腾，也难以承担走司法途径维权的成本，因此并不惧怕自己无理拒绝女方合理诉求的结果，但这类人最担心来自家庭和所在工作单位的压力。因此，妇联组织通过男方所在工作单位的领导，以及男方家人来协助调处纠纷。单位领导具有权威性，家人是最亲密者和最受信任者，通过单位领导与其家人一起内外合作做男方的工作，其实就是抓住了男方的软肋和痛点，可以比较好地协调、解决好问题。

当今婚恋中，"被小三"的事件屡见不鲜。小丽一类的被男方欺瞒同居的女子，虽然和主动介入他人婚姻家庭的"小三"不同，但如果就此说她们是在主观上无任何过失的纯粹的受害者，也是不客观的。因为她们在处理同居、怀孕、生子这样的人生大事上，至少是不严肃、不理性的，没有尽到一个成年女性应当认真对待生活的一般道德义务，其结果就是非婚生孩子成了最无辜的人。

维权知识

什么是民事诉讼证据？主要包括哪些东西（四）？

五、电子数据。电子数据是存储于电子介质中的信息，包括电子签名、格式化后的硬盘通过恢复取得的信息等，与传统的录像、录音等视听资料有所区别。

六、证人证言。证人是指知晓案件事实并应诉讼当事人的要求和法院的传唤到法庭作证的人，证人就其所知晓的案件事实向法院所作的陈述称为证人证言。

七、鉴定意见。鉴定意见是指专业人员运用其专门知识，对案件证据材料进行分析鉴别，或者对专门性问题作出意见，以作为判断相关证据真伪的参考依据。从性质上来说，鉴定意见与其他证据类型主要的区别在于：鉴定意见本身是构建在其他证据材料基础上的鉴定人的主观判断，反映的是鉴定人通过主观知识鉴别证据材料的过程。

八、勘验笔录。勘验笔录是指在诉讼过程中，为了查明一定的事实，对与案件争议有关的现场、物品或物体亲自进行或指定有关人员进行查验、拍照、测量后的记录。

六、不知男方是人夫　独自生女遇困境

案情简介

2014 年 3 月的一天，一位名叫阿香的女子前来广东省妇女维权与信息服务站（信宜站）求助。阿香神色悲戚地诉说，五年前她到深圳打工，其间认识了同是信宜人的阿军。由于身在异乡，老乡见老乡，两眼泪汪汪，两人初次见面就倍感亲切，从此嘘寒问暖、来往密切。两人交往一段时间后，便确定了恋爱关系，不久便在外租房同居了。同居生活期间，二人相敬如宾。半年后，阿香发现自己怀孕了，阿军得知后十分高兴，更加呵护她了。阿香主动提出领结婚证，但阿军总是找借口推搪。随着预产期将至，阿香再次催促登记结婚，阿军却支支吾吾，最后经不起阿香的追问，坦白自己早已有了家室。阿香听后晕厥倒地，待她清醒过来时，她意识到继续和阿军在一起是不会真正幸福的，而且会破坏别人的家庭。阿香不想当众矢之的的"小三"，于是独自到医院欲引产，但医生说胎儿过大不适合引产。深思熟虑之后，阿香决定将孩子生下来独自抚养。随后，她独自一人回到信宜，在市区租房居住，并生下了一名女儿。

女儿出生后的两年时间里，阿香依靠过去打工的积蓄维持生活。但女儿 3 岁时生了一场大病，为了给女儿治病，阿香不仅花光积蓄，还借了不少外债。如今女儿年幼，阿香难以抛下孩子去打工挣钱。实在走投无路时，她在电视上看到了妇联为妇女排忧解难的案例节目，于是抱着一线希望来到了服务站求助。

维权站十分赞赏阿香自强自立不当"小三"的选择，鼓励她积极面对和处理问题，并表示尽力帮助她。3 月 18 日，工作人员致电在东莞经商的阿军，将阿香女儿的情况告诉他，要求他积极承担抚养孩子的责任，但阿军却不承认女儿是他亲生的。之后，工作人员多次致电阿军，告知如怀疑女儿不是他亲生的，可做亲子鉴定，并向他讲解相关法律条文，让他明白非婚生子女与婚生子女享有同等权利，生父母必须承担抚养孩子的法律义务，同时动之以情，最后强调如阿军不接受调解，阿香将通过法律途径来维权。多次沟通劝解之后，阿军略有所动，工作人员乘势要求他回信宜协商调解其女儿抚养费事宜。阿军表示，他愿意给付女儿抚养费，但请求服务站工作人员不要将事情告知其家中妻儿或其他人，工作人员同意阿军的要求。

3月30日，阿军联系服务站工作人员，答应一次性支付10万元作为女儿的抚养费，要求阿香以后不能再与他有任何联系，希望服务站能够做阿香的思想工作，解决此事。工作人员将阿军的意思转达给阿香，阿香表示同意。次日，阿军将钱分两笔汇入阿香的账户。阿香收到钱后非常高兴，多次感谢服务站工作人员的帮助。

案例评析

从女方阿香所经历的情况看，本案在许多单婚同居纠纷案例中显得有些另类：一是当女方知道同居男方是已婚的人夫时，清醒地意识到怀孕酿成了大错，继续下去只会破坏别人的家庭，自己不会有真正的幸福，于是决定独自到医院欲引产；二是当她不得已要生下孩子时，决定独力抚养孩子并且做到了。若不是孩子意外生病致使生活难以为继，恐怕男方都不清楚自己有一个非婚生女儿。据此，可以判断阿香其实是一个十分自立自强、有主见的成熟女子。尽管如此，她也要为轻率同居并怀孕、缺乏法律意识而付出高昂的代价。阿香的经历说明，即使婚恋选择的动机和目的十分正确，如果不按常理出牌、不按常规办事，也有很大可能会陷入不可控的困境之中。

本案中，男方阿军是有配偶而与他人同居者，其行为不仅是不道德的，也是违反《婚姻法》的。从法律上看，《婚姻法》禁止有配偶者与他人同居，相关条文也规定了这一违法行为的法律后果和法律责任。然而，实践中如何让阿军这样的违法者承担法律责任，还存在许多有待完善的地方。如本案中，阿军已有配偶却与阿香同居，又未达到犯重婚罪的程度，通常只有其配偶起诉离婚并要求赔偿的情况下，法律才能对其有所惩罚。但当其配偶并不知情或者知情也不愿意起诉离婚索赔时，他实际上是不用为自己的违法行为承担赔偿责任的。目前，正是因为有这一漏洞，阿军这类有配偶者才胆大妄为，隐瞒已婚事实与人同居，甚至在女方怀孕或生子后一走了之，连对非婚生子女的法定抚养义务也不愿履行。本案中，阿军在妇联工作人员据法劝解、动之以情、晓之以理后，能幡然悔悟愿意支付非婚生女儿10万元抚养费，已算是守住了法律底线，使双方因同居生子的后续抚养问题未演化为一场纠纷。否则，阿香依法向法院起诉他，他最终还必须承担法定的责任。

本案中，阿军有配偶却自称未婚，阿香是被欺骗而与其同居生活并怀孕的。从中，就引出一个法律问题：阿香作为受害者，能否向法院提起民事诉讼向他索赔？从目前的法律规定看，同居关系纠纷提起诉讼的案件，除非涉及同居共同财产的分割、非婚生子女的抚养，法院一般不予受理；同居关系的一方以另一方过错为由，起诉要求赔偿并得到法院支持的案例，尚未见到。因此，答案应当是不能。但笔者认为，这个现状是不合理的，应当予以改变，最主要的理由就是：有配偶者隐瞒真相与他人同居，既破坏了社会的公序良俗，又侵害了他人的婚恋自主选择权，完全符合承担侵权民事责任的要件。

维权知识

司法实践中怎样认定重婚罪？应当如何搜集证据（一）？

我国《刑法》第二百五十八条规定："有配偶而重婚的，或者明知他人有配偶而与之结婚的，处二年以下有期徒刑或者拘役。"重婚罪，是指有配偶又与他人结婚或者明知他人有配偶而与之结婚的行为。然而，有不少夫或妻一方当事人认为，配偶已经与他人同居生活了，实际上已经犯了重婚罪，但配偶和"小三"却都没有得到惩罚，因而觉得重婚罪只是一个虚置的罪名。实际上，司法实践中对重婚罪的认定并非一件简单的事情，许多当事人也往往不了解应当如何收集证据来追究涉嫌重婚罪者的刑事责任。笔者对此简单综合介绍如下，供参考。

一、重婚罪的犯罪构成要件。一是犯罪主体要件：重婚罪的主体是一般主体，即没有特别的身份要求。有配偶的人在夫妻关系存续期间又与他人成立婚姻关系，或者没有配偶的人明知对方有配偶而与之结婚，都可以是犯罪主体。二是犯罪客体要件：重婚罪侵犯的客体是一夫一妻的婚姻制度。一夫一妻制是我国婚姻法的基本原则，重婚行为破坏了我国的婚姻家庭制度，必须予以刑事处罚。三是犯罪的主观方面要件：重婚罪在主观方面表现为直接故意，即自己有配偶而故意与他人结婚，或明知他人有配偶而与之结婚。如果确实不知对方有配偶而与之结婚或以夫妻名义共同生活的，无配偶一方不构成重婚罪，但有配偶一方则构成重婚罪。至于重婚的动机是什么，不影响本罪成立。四是犯罪的客观方面要件：重婚罪在客观方面表现为行为人必须具有重婚的行为，即有配偶的人又与他人结婚，或者明知他人有配偶而与之结婚。所谓有配偶，是指夫妻关系未经法律程序解除尚在存续；所谓又与他人结婚，包括骗取合法手续登记结婚和以夫妻名义共同生活的事实婚姻；所谓明知他人有配偶而与之结婚，是指本人虽无配偶，但明知对方有配偶而故意与之登记结婚或者形成事实婚姻，即有意破坏他人婚姻。

七、男有原配女有夫 男赠房车原配怒

案情简介

2013 年初，已婚的阿凡认识了阿琳。阿琳虽然怀疑阿凡有家室，但经不住他的苦苦追求和丰厚的物质诱惑，不久就投入了他的怀抱。随即，两人开始同居，阿琳过起了惬意的"小三"生活。

2013 年 5 月，阿琳购买了东莞市某处房产，阿凡直接支付了定金 2 万元与首期房款 18 万多元。房屋余款通过银行按揭贷款支付，由阿凡按月转账至阿琳账户后供银行扣取。2013 年 12 月，阿凡又为阿琳购置了价值近 13 万元的现代牌轿车一辆。2013 年 10 月左右，阿琳怀孕并于 11 月辞去了工作，从此在家休养待产，由阿凡承担所有生活费用。从 2013 年 11 月至 2014 年 5 月期间，阿凡一共往阿琳的银行账号里汇入了 20 余万元，主要用于房屋装修、月供与日常生活。

其实，阿凡的妻子阿菲早在 2013 年 6 月就发现了丈夫行为异常，也曾怀疑过他在外面包养了"小三"。但阿菲多次追问时，阿凡都矢口否认。出于对丈夫的信任，阿菲也就没有深究。直到 2014 年 5 月初，阿菲才从为阿琳装修房屋的同乡师傅口中得知了事情真相，她决定要教训一下大胆的"小三"。于是，在阿琳乔迁新居的当天，阿菲突然上门，将阿凡与阿琳堵在房屋之中，双方发生了肢体冲突。在冲突过程中，阿菲拿走了阿琳的手机。金屋藏娇的不轨行为被妻子发现后，阿凡迫于各种压力，最终选择了回归家庭，决定与阿琳分手，阿琳也清楚无法与阿凡继续维持同居关系，于是选择了终止妊娠，在阿凡的陪同下到医院实施了流产手术。

阿菲虽然原谅了丈夫的不忠行为，但对于阿凡赠送给阿琳的钱款却如鲠在喉难以放下。阿菲经过咨询律师后，于 2014 年 7 月将丈夫阿凡和阿琳告上法院：阿凡账户内的存款为夫妻共同财产，其在婚姻关系存续期间私自花在"小三"身上，严重侵犯了原告作为夫妻财产共有人的合法权益。阿菲请求法院撤销阿凡对阿琳的赠与，判令阿琳将 62 万余元赠与财产全额还给自己。

阿琳已经和阿凡分手了，但她得知阿菲将自己告上法院并追索 62 万的赠与财产后，很是郁闷，她自己何尝不是伤痕累累、满腔悲愤呢？阿琳于 2013 年初认识阿凡时，已是有夫之妇，而阿凡却自称离婚单身了，对阿琳展开了狂热追求，鼓动阿琳离婚再嫁给他，信誓旦旦承诺阿琳离婚之后会与她结婚共组家庭。2013 年 4 月，阿凡为了表达自己的诚意，在阿琳购买房屋时，主动为阿琳支付了定金及首期房款。阿琳由此对阿凡深信不疑，于是先与丈夫离了婚，怀孕后又辞去工作，就等着和他结婚再组家庭。直到 2014 年 5 月，阿菲打上门来，阿琳才知道自己一直被阿凡欺骗了。阿琳为了断绝与阿凡的关系含泪终止妊娠，冒着生命危险做了引产手术。因此，阿琳在答辩状中称，她主观上没有侵犯阿菲财产的意图，客观上也没有实施侵犯阿菲财产的行为，她本人实际上是最大的受害者，不仅失去了家庭和工作，还饱受身体与情感的伤害。阿菲应当向阿凡而不是阿琳本人主张权利。

庭审当日，原告阿菲及其代理律师均出庭，阿琳委托律师出庭，阿凡缺席。庭审中，原告方提交了银行流水单，证明阿琳所购房屋的定金、首期款以及购买轿车的款项均由阿凡转账支付；同时还提交了阿琳的手机短信，证明阿凡支付了房屋装修、月供款及其他款项。被告方对由阿凡支付购房屋定金与首期款、轿车购置款的事实予以确认；但对原告提交的阿琳手机短信，则认为是基于违法行为而取得的证据。阿菲强行进入阿琳的家里，自行拿走阿琳的手机，侵犯了阿琳的住宅不受侵犯权与财产权，违法取得阿琳手机信息。因此，该手机信息的来源不具有合法性，不能作为定案的事实依据。

法院审理认为，男方阿凡向女方阿琳支付款项期间，男方阿凡与原告阿菲的婚姻关系存续，在无证据证明阿凡赠与支付给阿琳的款项为阿凡个人财产时，应当认定该部分款项为原告阿菲与男方阿凡共同所有。阿凡未经阿菲同意，擅自将其与阿菲的夫妻共有财产赠与阿琳，该赠与行为应属无效，阿琳负有返还其受赠款项的义务。

经查实，阿凡为阿琳支付房屋定金、购房款及购车款共计 33 万余元，故原告该部分的诉请予以支持。对于原告阿菲主张的供楼月供款、房屋装修款及其他款项，其他证据显示，男方阿凡于 2013 年 11 月至 2014 年 5 月期间，存在向女方阿琳转账 20 余万元的记录，但阿菲除阿琳手机信息外，并无其他证据证明该笔款项的具体用途，阿凡也未明确说明转账的具体金额及用途。以上转账发生的时间为两人同居、女方阿琳怀有身孕期间，故认定阿凡向阿琳汇入的 20 余万元为两人共同生活与消费用途，两被告应负担同等的返还义务即各负担 10 万余元。遂判决：被告阿琳返还原告阿菲款项共计 43 万余元。

案例评析

本案中，两个各有配偶的男女同居并怀孕引起纷争不断，阿琳、阿凡和阿菲三人都饱尝痛苦。其中，阿琳又因"小三"身份最终人财两失，哑巴吃黄连，有苦说不出，因而自感是最为悲戚的了。但这个结果的出现，又是必然的事，这对那些有配偶却包"小三"或做"小三"、玩出轨者，不啻为一个警示。

首先，女方为了一个未知的、遥遥无期的"幸福"而头脑发热，在男方挟重金追求之下迷失了自己，先是同居，后是离婚，又怀孕，最后鸡飞蛋打。怎么就没有放慢脚步想一想，那个"幸福"可能是一个陷阱呢？阿琳本来有丈夫，或许是在强烈的侥幸心理和预期之下，对阿凡给予的丰厚物质馈赠和"爱情"甜言蜜语，失去了基本的理性判断。若她一开始多几分清醒，应当是很容易弄清楚阿凡的婚姻和财务状况的，后来的一切恐怕就是另外一个结果了。但是，现实生活没有假如，实践中女性或主动或被动成了"小三"的事屡见不鲜，像阿琳这样与人同居怀孕，最终人财两失，哑巴吃黄连有苦说不出的年轻女性，并不少见，足以引以为戒。

其次，阿菲为何能理直气壮地追讨阿凡赠与"小三"的财产？根据《婚姻法》规定，夫妻在婚姻存续期间所获财产，除有特殊规定外，应为夫妻共同财产。夫妻一方擅自处分夫妻共同财产的行为，应为无效行为。无偿赠与"小三"财产属于非因日常生活需要处分共同财产，损害了另一方的财产权益；而且由于第三者是无偿取得的财产，不符合"善意取得"的构成要件，甚至多数情况下这种赠与是违反公序良俗、挑战道德底线的行为。因此，赠与"小三"财产的行为理当认定无效。

此外，婚姻关系存续期间，对于共同拥有的财产，在共有关系没有解除的情况下，一般情况下是不应该分割的。对于出轨方擅自无偿处分夫妻共同财产的行为，除非无过错方提出分割夫妻共同财产的要求，过错方是无权主张分割的。所以，无过错配偶方完全有理由要求"小三"返还受赠的全部财产，以维护自己的合法权益。

维权知识

司法实践中怎样认定重婚罪？应当如何搜集证据（二）？

二、重婚行为的主要表现类型。根据司法实践经验，重婚行为主要有以下几种表现类型：一、既与配偶登记结婚，又与他人登记结婚的重婚，即先后两个法律婚的重婚。重婚者能做到有配偶又与他人登记结婚，并不容易实施，主要是靠虚构事实提供虚假资料欺骗婚姻登记机关而领取结婚证，或者贿赂登记机关工作人员、互相串通作弊领取结婚证。二、与原配偶登记结婚，与他人没有登记结婚，却以夫妻关系同居生活，即先法律婚后事实婚的重婚。三、与配偶和他人都未登记结婚，但与配偶和他人曾先后或同时以夫妻关系同居，此即两个事实婚的重婚。四、与配偶未登记结婚而以夫妻关系同居，后又与他人登记结婚，即先事实婚后法律婚的重婚。五、没有配偶，但明知对方有配偶而与其登记结婚或以夫妻关系同居的重婚。这里还需要指出的是，夫妻之间一般的婚外情、出轨行为，不会被认定为重婚罪行为的表现。总的来说，现实生活中较多的行为表现是事实重婚，即以夫妻名义长期同居的情况不少见，但实际上被追究重婚罪刑事责任的并不普遍。笔者认为，这主要是证据问题所致。

八、丈夫欲享齐人福　妻子举报称嫖娼

案情简介

李芬，女，38 岁；唐生，男，40 岁，两人均为广东省韶关人。两人于 1999 年 2 月在韶关市曲江区登记结婚，婚后到东莞市某镇做生意并居住生活，先后生育一子一女。夫妻双方在东莞合力打拼，苦心经营，赚了些钱后于 2004 年购买地皮自建了一幢四层半的房产（未办理土地使用权证或房地产权证），又于 2008 年 4 月按揭购买了一套商品房。该商品房于 2010 年 10 月以 66 万元的价格转让，并支付赎楼款 38 万元。

2011 年初，李芬发现唐生与一名叫阿琴的女子同居，双方感情出现裂痕。唐生 2011 年下半年搬离了双方共同的住处，双方开始分居。唐生曾于 2012 年 2 月起诉请求离婚，后撤诉。李芬发现唐生撤诉后并无心回归家庭，而是继续与女子阿琴同居，且有把卖房收入、工资收入、房租收入和其他收入转移的情形。

2012 年 5 月，李芬向派出所举报称唐生在某出租房内嫖娼。派出所民警到李芬指认的出租房内对唐生及同住女子阿琴进行了传唤、询问。随后，李芬向东莞市第三人民法院起诉唐生离婚，请求多分夫妻共同财产，并到镇妇联寻求帮助。镇妇联详细了解该案后，积极联络第三人民法院工作人员，为李芬争取合法权益。

法院考虑到李芬是一名家庭主妇，没有掌握家庭的财产状况，相关的财产均由唐生掌控。双方婚后另外自建了一处房产，相关报建、施工及建成后出租等事宜均由唐生经办，李芬无法举证。唐生对李芬所述不予确认，也未提供自建房子的相关凭证、银行流水记录等。法院为查明案件事实，依法调取了李芬所述另一处房产的施工许可证等报建手续，并向中国建设银行、中国工商银行等几大银行调取了唐生的账户情况。调查显示，李芬所述房产的报建人登记为唐生的兄长，而唐生的各个银行账户上截至 2012 年 7 月 10 日余额共计 13 万余元。此外，法院也向派出所调取了证据，取得李芬、唐生、阿琴在派出所形成的询问笔录。派出所的询问记录显示，唐生陈述因与李芬夫妻感情不和，自 2011 年 2 月起与阿琴合租一房一厅，与阿琴是普通朋友，阿琴住房间而唐生住客厅。阿琴则称，唐生只是凑巧过来玩，随后又陈述两人于 2012 年 4 月开始合租。

李芬坚持认为，唐生在婚姻关系存续期间与第三者同居导致夫妻感情破裂，存在过错，应当少分或不分财产。对此，唐生认为自己与阿琴是共租关系，不存在过错，共同财产应当对半分割。

法院经审理认定：原、被告夫妻财产方面，一是双方确认自建四层半房屋是夫妻共同财产，有居民委员会出具的地皮转让手续费收款收据及施工许可证存根为证，双方同意该房产作价 100 万元由李芬取得。二是双方确认曾共同购置商品房后以 66 万元转让并偿还赎楼款 38 万元，唐生称仅余约 13 万元。李芬未能就唐生另有存款的诉讼主张进行有效举证，双方应分割存款应认定为 13 万元。三是李芬主张以唐生兄长的名义兴建了房产，但该房的施工许可证等显示兴建人并非李芬或唐生，该房产的权属存在争议，在离婚纠纷中不作处理。原、被告夫妻感情破裂方面，唐生在婚姻关系存续期间，自 2010 年年中起就很少回家，并自 2011 年 8 月开始与阿琴共同租住房子。对唐生关于普通朋友在一房一厅的房子内共租的主张，应不予采纳。退一步讲，即使唐生与阿琴没有不正当关系，但唐生在婚姻关系存续期间拒绝回家，而长期与其他女子共同居住在一个一房一厅的出租屋内，此行为必然对夫妻感情带来伤害、对婚姻关系带来破坏。在双方因此激化矛盾的情况下，唐生未能收敛其行为，最终导致夫妻感情破裂，其应当承担致夫妻感情破裂的过错责任。

综上，法院认为原告李芬关于被告唐生存在过错、应少分夫妻共同财产的请求，符合法律规定，应予支持。遂判决原、被告夫妻共同财产按 7：3 比例分割，原告李芬占 70%，被告唐生占 30%。四层半自建房归李芬所有，李芬向唐生补偿 30 万元；唐生保管的共同存款 13 万元，李芬与唐生按 7：3 分割。

李芬在妇联的协助下，成功为自己争取了合法权益。

案例评析

夫妻一方婚外与他人同居，最终导致夫妻感情破裂的离婚案件很多，但过错方因此向无过错方承担赔偿责任的则不多见。虽然《婚姻法》第四十六条对此有明确规定，夫或妻一方与他人同居的，属于有过错方，无过错方有权请求赔偿，但实践中因为取证难度较大，要证明对方存在相应过错的难度也较大，因此，无过错方的主张往往是无果而终。本案中，李芬作为无过错方要求多分财产的请求，最终得到法院判决支持，夫妻共同财产分割无过错方占七成、过错方占三成，是难得的一个案例。

首先，李芬胜诉是因为支持其主张的证据比较充分。本案中，唐生曾经起诉李芬要求离婚，李芬称唐生存在婚外情人，要求唐生担责，但主要是其单方陈述，没有相关证据证明，后来唐生出于其他考虑撤诉。然而，李芬自唐生第一次向法院起诉要求离婚后，就意识到了收集和保全证据的重要性，因此想方设法找到了丈夫与"小三"的"贼窝"，瞅准机会向警方报警举报，称有人正在唐生与阿琴同居的出租屋内卖淫嫖娼，公安派出民警将唐生和阿琴带回调查。这就通过公安部门的调查询问笔录，对唐生、阿琴长期同居在一房一厅的出租屋内的事实进行了确定。因此，李芬起诉唐生离婚时，请求法院认定关于唐生婚外与他人同居、有过错责任的主张，就有有力的证据予以证明。当然，笔者以为，李芬的这种取得证据的方式未免有些偏激和过分，毕竟明知丈夫与情人同居并非卖淫嫖娼却谎报警情，是涉嫌违法的不可取的、不适当的行为。

其次，受案人民法院主动依职权进行了调查取证，从而有效维护了无过错方的合法权益。本案中，法院在正确运用法理的前提下，根据李芬的申请，依职权就相关建房凭证、派出所询问笔录、银行账户等进行了调查取证，从而为双方夫妻财产的认定及分割比例提供了充分依据，为认定唐生的过错责任提供了有力支撑，为李芬作为无过错方请求多分财产提供了事实依据，在最大限度内保护了李芬的正当权益。这是十分值得赞赏的。在民事审判实践中，家事纠纷案件往往涉及怎样有效维护妇女、儿童等弱势一方的合法权益，一方面应当尽可能调解结案，能调则调，通过调解工作更好地保护妇女、儿童权益，化解双方矛盾；另一方面则应当尽可能接受弱势一方的申请调取相关证据，或者主动依职权进行调查取证，以最大限度避免因弱势一方当事人难以举证而无法维护其合法权益的情形。在本案中，法院就双方是否离婚、儿女抚养等问题，曾数次与双方沟通、协调，最终争取到双方的共识。

此外，本案中还有一个法律问题值得借鉴。李芬坚称，夫妻俩以唐生兄长的名义另外自建有房产，但李芬未能提供该房子的相关权属凭证，而该房产报建、施工相关材料显示兴建人为唐生兄长，在此情况下，该房产是难以被确认为夫妻共同财产的。现实生活中，不乏此类以别人名义购房、建房的，当事人在此情况下，必须及时以书面形式对权属情况进行确认，否则，日后发生纠纷，权益将无法得到保障。

维权知识

司法实践中怎样认定重婚罪？应当如何搜集证据（三）？

三、追究重婚罪的证据搜集。实践中，通常追究重婚罪的做法是，受害人有足够证据证明重婚行为的，到法院按刑事案件自诉程序起诉控告，由法院直接立案追究；受害人如果证据不足，可提供现有证据请求公安机关立案侦查，然后由检察院提起公诉追究。因此，实践中证据搜集十分重要。对领取了结婚证的法律重婚，要搜集结婚登记证件或者伪造的结婚证、与他人所生小孩出生证等直接证据；对没有领结婚证但以夫妻名义同居的，通常要达到一定时间（一般认为是三个月）才认为是重婚，主要搜集：对方与他人以夫妻名义同居的居住地的群众证明，对方的保证书、忏悔书等；证明对方婚外同居的照片、录像、亲密短信等；居委会、村委会出具的对方与他人以夫妻名义同居生活的证明等。

四、搜集重婚罪证据的技巧。首先，设法暗访对方与"小三"同居生活的场所，认定重婚最重要的一点是确定与他人同居生活，因此同居地点是非常重要的，只有找到了同居生活的场所才能进行进一步的调查取证。其次，从对方同居地点的邻居或者知情人着手取证，因为无利益关系的第三方的证言，是很有力的佐证。再次，到婚姻登记处查询同居生活另一方的婚姻情况，如果有登记结婚的，可以请求民政部门的工作人员配合调取重婚的证据。然后，以举报不法行为为由打110报警，让警方查处对方与同居者的实际情况，并协助警方出警以取得警方的询问记录。最后，委托律师协助调查取证，这也是比较简单可行的方法。

附　录

附录一

婚姻家庭纠纷审判热点、难点 18 个问答

最高人民法院民一庭　吴晓芳

一、有配偶者与他人同居约定的财产性补偿应如何处理？

答：有配偶者与他人同居，可以分为一方有配偶而另一方无配偶以及双方均有配偶两种情况。现实生活中，这种同居关系在不断形成的同时也在不断解除。有些同居关系在解除时，一方会向另一方主张一定数额的补偿金。补偿金通常以借款、欠款、协议等形式表现出来。这种补偿金是否应受法律保护？如不应保护，一方已经支付的部分是否可主张返还？

倾向性观点认为，其属于不可强制执行的自然债务，履行与否全凭债务人的意愿，法律不加干涉。但是一旦履行，将不得请求债权人返还，债权人接受的履行不是不当得利，法律承认其保持受领给付之权利。我国民事法律中只是对超过诉讼时效的债务作了规定，而对于"自然债务"的概念、分类、效力并未规定。根据传统的民法理论，自然债务通常分为履行道德义务之给付、不法原因之给付、超过法定利率之给付、婚姻居间之报酬等类型。解除上述同居关系的补偿金应当属于不法原因之给付的自然债务，因为其违反了《婚姻法》的禁止性规定，同时也侵犯了配偶的财产权益。

有配偶者与他人同居，为解除同居关系，双方以借款或其他形式确定补偿金，一方起诉要求支付该补偿金的，人民法院不予支持；一方履行后反悔，主张返还已支付补偿金的，人民法院亦不予支持。但合法配偶起诉主张返还的除外。

有人认为，如果一方故意隐瞒已婚身份，另一方得知后要求结束双方关系，一方自愿给另一方打欠条表示补偿之意而事后又反悔的，对受欺骗一方主张补偿款的请求应予支持。笔者认为，感情问题不是做生意，并非有投入就一定能有回报，一方故意隐瞒已婚身份，另一方自己也未尽审慎的注意义务。故对于是否补偿全凭当事人的自觉自愿，属于不可强制执行的自然债务。

二、一方婚前给付财物请求返还的纠纷如何处理？

答：对于婚前给付财物的性质问题，有学者称为附条件赠与行为，即以

结婚为目的而在婚前一方给予对方财物，一般数额较大。附条件赠与行为，如果条件不成或条件消失，给付方可请求返还。对农村特别是经济相对不发达地区来说，通常是因旧俗所累，当两人因种种原因不能成婚时，一方要求另一方予以返还财物，法院一般应予支持，这也符合公平的法律理念和民间的风俗习惯。

也有人认为，一方为达到与对方结婚的目的给付另一方财物，其真实意思无非是想用财物打动或收买对方，在这种情形下，给付一方要求返还财物，应不予支持。从经济学角度分析，一方在婚前给付另一方财物可视为一方与另一方结婚发生的成本，实际为投资风险，投资者应自负这种风险。笔者认为，这种观点也有一定道理，但鉴于目前我国社会经济发展不平衡的现状，广大农村地区多年来存在的给付彩礼的风俗习惯，有的人家为了娶妻送彩礼而债台高筑，在结婚不成的情况下一概不予返还彩礼显然是很不公平的，也会助长借婚姻索取财物或骗取财物的行为。

国外对于婚前一方赠与另一方的财物，一般将其纳入婚约制度进行调整。《法国民法典》规定："为婚姻之利益进行的任何赠与，如该婚姻并未成就，赠与即失去效果。"《德国民法典》规定："如果婚姻未成，则每一方订婚人皆可依照关于返还不当得利的规定而要求对方返还所赠礼物或作为订婚标志所给之物。在订婚因一方订婚人死亡而解除的情形，倘有疑义，推定返还请求被排除。"该法典同时规定请求权时效为 2 年，自解除订婚之时开始。

《瑞士民法典》规定："不得依据婚约提起履行婚姻的诉讼。不得诉请给付为出现违反婚约的情况而约定的违约金。""如婚约一方无任何重要事由而违反婚约，或因自己的过失而由其本人或者由对方解除婚约时，应当对对方、对方的父母或代其父母的第三人为准备结婚而做的善意准备，给付相当的赔偿金。""因他方过错违反婚约致使无过错一方人格上蒙受重大损害时，法官可许其向他方要求得到一定金额的抚慰金。该项要求不得让与，但如该要求于继承开始时被确认或被诉请的，可转移于继承人。""婚约双方的赠与物，在解除婚约时可请求返还。如赠与物已不存在，可依照返还不当得利的规定办理。因婚约一方死亡而解除婚约的，不得要求返还赠与物。"

在司法实践中，适用该规则审理同类案件时应注意以下问题：

《最高人民法院婚姻法司法解释（二）》中关于彩礼问题的规定："当事人请求返还按照习俗给付的彩礼的，如果查明属于以下情形，人民法院应当予以支持：（一）双方未办理结婚登记手续的；（二）双方办理结婚登记手续但确未共同生活的；（三）婚前给付并导致给付人生活困难的。适用前款第

（二）（三）项的规定，应当以双方离婚为条件。"该条规定本意是为了解决广大农村地区普遍存在的彩礼问题，实践中不能任意扩大适用范围。在经济、文化相对发达的城市中，一方以结婚为目的赠与对方财物的，应从附条件赠与的角度考虑，不能适用上述有关彩礼的司法解释的规定。

三、双方恋爱期间共同出资买房，产权登记在双方名下，分手后都想取得房屋的产权，该如何处理？

答：从审判实践来看，恋爱期间购置房屋的纠纷，一般呈现的特点是：（1）双方事先及事后对一旦婚恋不成所购房屋如何处理并无约定。（2）产权证上记载的权利人或预登记的权利人一般为男女双方，而实际房款（含贷款）大多数由一方全额支付。（3）涉讼时房屋市场价格较购房时均有不同程度上升，双方都想取得房屋产权。（4）因房价上涨导致的房屋增值部分的归属成为双方争执焦点。

对于恋爱期间为了结婚而共同购房，产权登记为双方共有的情形，如果没有按份共有的特别约定，一般认定为共同共有。双方终止恋爱关系后分割共有财产，符合《物权法》关于"共同共有人在共有的基础丧失或者有重大理由需要分割时可以请求分割"的情形"。根据最高人民法院"同居生活期间双方共同所得的收入和购置的财产，按一般共有财产处理"的规定，一方取得房屋当予退还另一方在此期间的出资，又由于两人在购置房屋时以共同组建家庭为目的，双方均未提供所购房屋的产权份额有过约定的证据，故在共同取得房屋产权登记后，因市场因素获得增值部分的财产依照共同共有的原则予以处理。

四、处理有关彩礼纠纷时应注意什么问题？

答：《上海市高级人民法院关于适用最高人民法院婚姻法司法解释（二）若干问题的解答（一）》对彩礼问题概括得很到位，即：彩礼具有严格的针对性，必须是基于当地的风俗习惯，为了最终缔结婚姻关系，不得已而为给付的，具有明显的习俗性。

在处理有关彩礼纠纷时应注意以下问题：

1. 在实际生活中，彩礼的给付人和接受人并非仅限于男女双方，还可能包括男女双方的父母和亲属，这些人均可成为返还彩礼诉讼的当事人。在中国的传统习俗中，儿女的婚姻一般由父母一手操办，送彩礼也大都由父母代送，且多为家庭共有财产。而在诉讼中大多数也是由当事人本人或父母起诉，

因此应诉方以起诉人不适格作为抗辩时，法院不应予以采信，以最大限度地
保护公民的财产权利。对于被告的确定问题也是如此，一般习俗是父母送彩
礼或代收彩礼，故将当事人父母列为共同被告，要求其承担连带责任并无
不妥。

2. 应注意把握彩礼返还的范围，要根据已给付彩礼的实际使用情况，考
虑到双方在共同生活中是否发生了必要的消耗，是否为筹办婚事支付了必要
的费用等，在此基础上予以适当返还。在实际生活中，给付的彩礼可能已经
用于购置双方共同生活的物品，事实上已经转化为双方的共同财产，或者已
在双方的共同生活中消耗。故在处理方式上应当灵活把握，真正体现公平
原则。

**五、女方怀孕，法院能否受理男方有关同居期间财产纠纷的起诉？男方
申请宣告婚姻无效可以吗？**

答：《婚姻法》第三十四条："女方在怀孕期间、分娩后一年内或中止妊
娠后六个月内，男方不得提出离婚。女方提出离婚的，或人民法院认为确有
必要受理男方离婚请求的，不在此限。"《妇女权益保障法》第四十二条规定：
"女方按照计划生育中止妊娠的，在手术后六个月内，男方不得提出离婚。女
方提出离婚，或者人民法院认为确有必要受理男方离婚诉讼请求的，不在
此限。"

《婚姻法》第三十四条的立法目的在于更好地保护妇女、儿童的正当权
益。妇女在怀孕期间、分娩和流产后，身体和精神负担重，特别需要安宁和
正常的生活条件，为此法律规定在一定时期内男方不得提出离婚。

基于同居关系与合法婚姻关系的不同性质，《婚姻法》第二十四条的规定
并不适用同居纠纷的案件。《婚姻法》第三十四条是对妇女的特殊保护条款，
但法律保护的是合法婚姻。当双方当事人选择同居而非登记结婚时，就意味
着选择了不受法律保护，不享有夫妻间的权利和义务。

同居关系本身不受法律保护，但是基于同居关系而形成的财产关系和子
女抚养问题还是受法律保护的。故在女方怀孕期间，男方也可以起诉到法院
要求处理同居期间的财产分割和子女抚养问题，即不受《婚姻法》第三十四
条的限制。从表面看，与《婚姻法》第三十四条的立法目的相违背，不利于
妇女、儿童权益的维护；但从深层次仔细分析会发现，这恰恰是为了更好地
保护妇女儿童的权益。因为同居关系不如婚姻关系稳定，同居关系本身的松
散性，使法律的保护作用显得微不足道。为了引导更多的公民放弃同居而选

择婚姻，使自身处于法律的庇护之下，构建一种健康、有序、文明的婚姻制度，既有利于自身及子女权益的维护又有利于社会的文明与进步。

无效婚姻自始无效，当事人之间不具有夫妻的权利和义务。但是婚姻在被宣告无效之前是有效的，即男方在请求人民法院宣告婚姻无效时，该婚姻还是被法律视为有效的，此时该有效的婚姻还是受《婚姻法》第三十四条的限制。如果赋予男方在第三十四条的情形下有权提起请求宣告婚姻无效之诉，就有可能被人民法院判决婚姻无效，其产生的法律后果比离婚判决的后果更为严重，对怀孕期间、分娩后1年内或中止妊娠后6个月内的妇女尤为不利。在这种情形下，男方请求人民法院宣告婚姻无效，不受《婚姻法》第三十四条的限制的规定与《婚姻法》及相关法律的宗旨相违背。故我们认为，男方请求人民法院宣告婚姻无效仍应受《婚姻法》第三十四条的限制。

六、未婚同居当事人签订的忠诚协议能否受到法律保护？

答：不能，对起诉到法院的这类纠纷，不予受理。已经受理的，裁定驳回起诉。因为《婚姻法》是规范合法夫妻关系的，未婚同居关系不是婚姻法调整的范围。恋爱是自由的，恋爱时不得脚踏两只船只是道德范畴的要求。

七、双方登记结婚共同生活几年后，女方患上精神分裂症，经住院治疗仍无好转。男方将女方带至民政局婚姻登记处，要求办理离婚登记。婚姻登记处工作人员审查了双方提交的户口簿、身份证、结婚证、离婚协议书等离婚登记资料，认为符合离婚条件，便为双方办理了离婚登记手续并颁发了离婚证。女方认为，民政工作人员不认真，未严格审查，违反了《婚姻登记条例》第十二条"婚姻登记机关不得受理无民事行为能力人申请离婚登记"的规定，遂向法院提起行政诉讼，要求依法撤销离婚证。此种情况，该如何处理？

答：《婚姻登记条例》第十二条规定："办理离婚登记的当事人有下列情形之一的，婚姻登记机关不予受理：（一）未达成离婚协议的；（二）属于无民事行为能力人或者限制民事行为能力人的；（三）其结婚登记不是在中国内地办理的。"对于本来不应当受理的离婚登记，如果民政部门未尽到审慎的注意义务办理了离婚登记，比如一方患有精神病为无民事行为能力人的情形，该如何处理呢？我们认为，依据《民事诉讼法》第一百八十一条规定，"当事人对已经发生法律效力的解除婚姻关系的判决，不得申请再审"。同样的道理，一旦登记离婚生效，已经离婚的当事人就有权与其他的人结婚，如果离婚登记可以被随意撤销，将无法保护第三人的婚姻权利。因为离婚登记被撤销就意味着已经登记解除的婚姻自始有效，离婚当事人与第三人的婚姻就变成了重婚，后果相当严重！如果已经登记解除的婚姻有和好的可能，当事人完全可以通过复婚登记予以补救，故离婚登记中有关解除婚姻关系部分不能予以撤销。

《最高人民法院关于适用〈中华人民共和国民事诉讼法〉若干问题的意见》第二百零九条规定："当事人就离婚案件中的财产分割问题申请再审的，如涉及判决中已分割的财产，人民法院应依照民事诉讼法第一百七十九条的规定进行审查，符合再审条件的，应立案审理；如涉及判决中未作处理的夫妻共同财产，应告知当事人另行起诉。"按照上述规定的基本原理，凡是符合《婚姻登记条例》第十二条规定情形之一的，婚姻登记机关受理离婚登记就属于违法。离婚当事人向法院提起行政诉讼的，应判决确认离婚登记行为违法。同时撤销离婚登记中有关财产分割和子女抚养部分的协议，由原婚姻当事人重新协议或者通过民事诉讼途径处理。

八、双方登记结婚时，因女方未达法定婚龄，女方便拿自己姐姐的身份证与男方办理了结婚登记。后双方发生纠纷，女方到法院申请宣告婚姻无效。此种情形不符合《婚姻法》第十条的规定，应如何处理呢？

答：本案的症结在于无效婚姻、可撤销婚姻与婚姻登记瑕疵是三个不同的概念，不能因婚姻登记上的瑕疵而主张婚姻无效或可撤销。《婚姻法》对无效婚姻和可撤销婚姻的法定事由作了明确规定，不能随意进行扩大解释。因此，对当事人请求宣告婚姻无效或撤销婚姻关系的，只能是符合无效或可撤销婚姻要求的几类法定情形，不能以违反法定程序为由随意确认婚姻无效或撤销婚姻登记。

2003 年 10 月 1 日起实施的《婚姻登记条例》与 1994 年 2 月 1 日公布施行的《婚姻登记管理条例》相比，新的《婚姻登记条例》删除了原来《婚姻登记管理条例》中有关申请婚姻登记的当事人弄虚作假、骗取婚姻登记的，婚姻登记管理机关有权撤销婚姻登记，宣布婚姻无效并收回结婚证，还可以对当事人处以 200 元以下的罚款的规定。新的《婚姻登记条例》只在第九条规定，婚姻登记机关对因胁迫结婚的，有撤销该婚姻，宣告结婚证作废的权利。同时，民政部制定的《婚姻登记工作暂行规范》第四十六条规定："除受胁迫结婚之外，以任何理由请求宣告婚姻无效或者撤销婚姻的，婚姻登记机关不予受理。"因为婚姻登记机关作为政府的行政部门，体现的仅仅是国家对缔结婚姻行为在登记环节上的监督和管理，而对婚姻效力的确认及相关财产分割、子女抚养等民事权利的问题，应由人民法院行使裁判权。原规定以行政权力代替司法审判，显然不利于民事权利的充分保护。综上，可以看出，新的《婚姻登记条例》没有授权婚姻登记机关行使宣告婚姻无效的权利，仅授权婚姻登记机关对因胁迫结婚的，依当事人的申请行使撤销婚姻的职责。

近些年，审判实践中出现了不少因为婚姻登记时存在瑕疵而主张婚姻无效的情况：有的当事人认为一方结婚时隐瞒了外国人的身份，主张其婚姻无效；有的一方伪造身份证或用别人的身份证办理结婚登记，以非法占有钱物为目的，婚后不久即失踪；有的一方使用亲友的身份证办理结婚登记，双方婚后实际共同生活；有的婚姻当事人没有到一方户籍所在地的民政部门申请结婚登记而是异地办理；有的一方或双方当事人未亲自到场办理结婚登记等。婚姻无效与婚姻登记瑕疵是两个完全不同的概念：婚姻登记是行政行为，受行政法的调整；而婚姻无效是欠缺结婚实质要件的婚姻在民事法律关系上的后果，不能以婚姻登记时的瑕疵来主张婚姻无效。婚姻无效制度，是法律设立的一种对结婚形式上已成立的婚姻关系，由当事人或者利害关系人针对该婚姻关系是否有效成立提出异议的一种救济制度。婚姻无效制度是结婚制度的重要组成部分，能够预防和制裁违法婚姻。依据 2001 年修改的《婚姻法》第十条的规定，婚姻无效的情形仅限于重婚、有禁止结婚的亲属关系、婚前患有医学上认为不应当结婚的疾病且婚后尚未治愈以及未达到法定婚龄的四种情形。《最高人民法院关于适用（中华人民共和国婚姻法）若干问题的解释（一）》对申请宣告婚姻无效的主体范围、人民法院审理无效婚姻案件适用的程序、婚姻无效的阻却事由等问题均作出了具体的规定。申请宣告婚姻无效的，应以起诉时的状态为准，因为无论起诉前或缔结婚姻时的状况怎样，一旦经过一定的期间，当双方已经具备法律规定的结婚条件时，无效婚姻的情形已经消失，就不能再用以前的无效事由申请宣告婚姻无效。

从民事审判的角度来说，对当事人请求宣告婚姻无效的，只能从是否符合无效婚姻的四种情形方面进行审查。如果将符合结婚实质要件但婚姻登记程序上有瑕疵的婚姻宣告为无效婚姻，不仅随意扩大了无效婚姻的适用范围，同时也有悖于无效婚姻制度设立的初衷。法院经审查发现不属于《婚姻法》规定的无效婚姻的四种情形，只能判决驳回当事人申请宣告婚姻无效的诉讼请求，当事人可以依法申请行政复议或提起行政诉讼。而对于有瑕疵的行政行为，除非"严重且明显"，并不当然无效或可撤销。为防止随意撤销政府行为，人为制造混乱，法院在决定是否以程序违法为由撤销授益行政行为（设定或证明权利或者具有法律利益的行为）时，要综合考虑程序违法的程度和对关系人的信赖保护。授益行政行为有程序瑕疵的，如果可以补正，可由政府自行补正。如果无法补正或者补正徒劳无益，只要程序瑕疵没有明显影响实质决定，可以忽略不计，不能以程序瑕疵主张撤销行政行为或认定行政行为无效。作为一种既存的社会关系，"婚姻"已形成事实，并以此为基础向社会辐射出各种关系，简单地否认这种身份关系的存在，必然会对家庭及社会产生一系列负面影响。基于对人类情感的尊重，基于切实保护妇女儿童利益的需要，基于重视婚姻事实的考虑，特别是在该婚姻关系并不损害他人和社会公共利益时，人民法院不应轻易否定当事人婚姻的效力。

综上所述，当事人以法定无效婚姻四种情形（重婚、有禁止结婚的亲属关系、婚前患有医学上认为不应当结婚的疾病且婚后尚未治愈以及未达到法定婚龄）以外的理由申请宣告婚姻无效的，应当判决驳回当事人申请宣告婚姻无效的诉讼请求，告知其可以依照《行政复议法》及《行政诉讼法》规定的程序办理。

九、借用他人身份证件进行结婚登记，结婚证上载明的主体与实际共同生活者不一致时，应如何处理为妥？

答：实际生活中，因一方未达法定婚龄而借用他人身份证件登记结婚的情形并不少见。如果结婚证上载明的主体对结婚证效力提出异议的，可以请求民政部门撤销结婚登记或直接提起行政诉讼；如果实际共同生活的当事人请求离婚的，法院应对当事人进行释明，告知因其结婚登记存在瑕疵，请求离婚的双方与结婚证上载明的主体不符，无法判断双方是否存在婚姻关系。若当事人坚持自己的诉讼请求，则应当裁定驳回起诉；若经过法院释明后，当事人变更诉讼请求，主张解决同居期间的财产分割、子女抚养等问题时，法院可以依法继续进行审理。值得注意的是，如果当事人系在1994年2月1日之前以夫妻名义共同生活，可按照事实婚姻处理。

结婚证的效力是具体行政行为的结果。针对的对象是特定的，只是对结婚证上载明的主体有约束力，而不应及于他人。我国对婚姻关系确立形式只有一种，即采取的是登记主义模式，记载于结婚证上的申请人才是行政机关许可缔结婚姻并承认婚姻关系的当事人。行政机关颁发结婚证，实际确立的是被借用身份证件之人与持有真实身份证件之人夫妻关系的有效法律文件，具有公示公信的效力，是形式合法的婚姻关系，在未经法定机关通过法定程序撤销前，不能直接否认其效力。基于行政行为的相对性，该结婚证的效力不应及于实际共同生活的当事人，当事人之间不存在法律所承认的婚姻关系。

十、一方使用虚假身份证件，以骗取钱财为目的与另一方登记结婚，婚后不久即下落不明。经公安机关查证，一方的身份证件系伪造，另一方起诉离婚被法院裁定驳回，理由是没有明确的被告，此种情况有什么救济途径？

答：如果一方当事人向婚姻登记机关提供虚假身份证等证明材料，骗取了结婚证，其目的是为了骗取钱财，婚姻登记机关是在受欺骗的情况下作出的婚姻登记发证行为，该行政行为形式上虽已经存在，但因具有重大、明显的瑕疵，且显然不符合《婚姻法》和《婚姻登记条例》有关结婚登记的条件。该行政行为属于无效行政行为。根据有关规定，对无效行政行为的认定，主要有行政主体进行认定和法院在行政诉讼中进行认定两种方式。现鉴于婚姻登记机关一般不受理此类问题，根据《最高人民法院关于执行〈中华人民共和国行政诉讼法〉若干问题的解释》第五十七条规定，即被诉具体行政行为依法不成立或无效的，人民法院应当作出确认被诉具体行政行为违法或者无效的判决。因此，受骗一方的救济途径是提起行政诉讼，请求撤销结婚登记。

十一、巩某的父亲与表姑从小感情很好，由于是亲戚一直不能结婚。后巩某的父亲身患癌症，其与巩某的表姑隐瞒真实情况办理了结婚登记。巩某父亲去世后不久，巩某到法院申请宣告其父亲与表姑的婚姻无效。此种情况，该如何处理？

答：巩某的父亲与表姑是表兄妹关系，系三代以内的旁系血亲，属法律禁止结婚的情形，其婚姻当属无效。他们的婚姻关系虽因巩某父亲的死亡而终止，但双方三代以内旁系血亲的亲属关系永远不会改变。巩某在父亲死亡后1年内请求法院确认其父与表姑的婚姻无效，于法有据，应予支持。

无效婚姻是欠缺婚姻成立要件的违法婚姻，因而不具有婚姻的法律效力。《婚姻法》有关结婚条件和结婚程序的规定，在性质上属于强制性规范而不是任意性规范，当事人是不能自行改变或者通过约定加以改变的。一旦违反，便会导致婚姻无效的后果。

婚姻无效的情形可以分为绝对无效和相对无效两种：未达法定婚龄和患有医学上认为不应当结婚的疾病属于相对无效的情形，而重婚和有禁止结婚亲属关系的则属于绝对无效的情形。对以重婚为由申请宣告婚姻无效的，因重婚是严重违反一夫一妻制的行为，不应存在阻却事由，即无论申请宣告婚姻无效时，重婚者是存在两个婚姻关系还是只有一个婚姻关系，都应宣告其中一个婚姻无效。构成犯罪的，还应追究刑事责任。对以有禁止结婚的亲属关系为由申请宣告婚姻无效的，因亲属关系是当事人之间因出生或血缘关系而产生的特定身份关系，它不会随着时间的推移而消失，也不会人为解除。因此，对有禁止结婚亲属关系的婚姻申请宣告无效，不存在阻却事由，即该婚姻无论经过多长时间和双方当事人是否有子女或不再生育，都应是绝对无效。如果对不生育子女的具有禁止结婚亲属关系的婚姻给予"豁免"，不宣告婚姻无效，将会使禁止近亲结婚的法律规定形同虚设，损害法律的权威性。

禁止一定范围内的血亲结婚是世界各国的立法通例，我国《婚姻法》也明确规定，直系血亲和三代以内的旁系血亲禁止结婚。有禁止结婚的亲属关系的，婚姻无效。对于无效婚姻的一方或双方当事人死亡的情况，最高人民法院相关司法解释规定："夫妻一方或者双方死亡后一年内，生存一方或者利害关系人依据婚姻法第十条的规定申请宣告婚姻无效的，人民法院应当受理。"也就是说，虽然夫妻一方已经死亡，但人民法院根据利害关系人的申请就婚姻关系是否有效所作出的判决，对夫妻中生存一方与死者之间曾经拥有的配偶身份关系具有直接的拘束力。一旦该婚姻关系被宣告为无效，婚姻关系当事人中生存一方原来依法享有的死者配偶的身份就会丧失，同时丧失其作为死者第一顺序继承人的身份，与死者亲属之间的姻亲关系也归于消灭。

十二、养父母和养子女结婚属于无效婚姻吗？

答：养父母和养子女是基于收养关系而形成的法律拟制血亲关系。《婚姻法》和《收养法》规定，合法的收养关系受到法律的保护，一旦收养关系成立，养父母与养子女之间的权利义务关系就等同于生父母子女之间的权利义务关系。根据《婚姻法》第十条的规定，禁止结婚的亲属关系是宣告婚姻无效的四种法定情形之一，如果养父母与养子女没有解除收养关系而结婚，他们的婚姻属于无效婚姻。当然，在收养关系依法解除后，如果当事人或利害关系人还以有禁止结婚的亲属关系为由申请宣告婚姻无效的，人民法院不予支持。

十三、重婚是构成婚姻无效的情形之一，"有配偶者与他人同居"是离婚损害赔偿的情形之一，事实上的重婚与"有配偶者与他人同居"的主要区别是什么？

答：重婚分为法律上的重婚和事实上的重婚：有配偶者又与他人登记结

婚的，是法律上的重婚；虽未登记但确与他人以夫妻名义同居生活的，为事实上的重婚。根据《刑法》和《最高人民法院关于〈婚姻登记管理条例〉施行后发生的以夫妻名义非法同居的重婚案件是否以重婚罪定罪处罚的批复》的规定，已登记结婚的一方与他人又登记结婚或与他人以夫妻名义同居生活的，应认定为重婚行为并予以法律制裁。但在现实生活中，不少人采取了规避法律的方式，在与他人婚外同居时，既不去登记结婚，也不以夫妻名义同居生活。针对这种情况，修订后的《婚姻法》特别规定"禁止有配偶者与他人同居"。因此，事实上的重婚和有配偶者与他人同居之间最大的区别就在于是否以夫妻名义同居生活，如果双方以夫妻名义同居生活，则构成事实上的重婚；如果双方没有以夫妻名义同居生活，则不属于刑法予以处罚的范围，而属于婚姻法禁止的行为。当然，重婚的涵义与"有配偶者与他人同居"有交叉重合之处，事实上的重婚也是有配偶者与他人同居，但这种同居是有名分的，即以夫妻名义相称，而不是以所谓的秘书、亲戚、朋友相称。

《婚姻法司法解释（一）》第二条规定得很明确，即"婚姻法第三条、第三十二条、第四十六条规定的'有配偶者与他人同居'的情形，是指有配偶者与婚外异性，不以夫妻名义，持续、稳定地共同居住"。有配偶者与他人婚外同居，其直接构成离婚的法定理由，同时无过错的配偶一方有权提起离婚损害赔偿请求。

十四、因娶了有精神病的妻子而状告婚检部门，应如何处理？

答：因娶了有精神病的妻子而状告婚检部门，请求法院判令婚检部门赔偿其宣告无效婚姻诉讼费和精神损失费等这类纠纷，关键是审查婚检部门有无过错。如果在进行婚检时，女方并没有任何精神病症状，且否认自己有精神病史，并在婚前医学检查表中亲笔签名，则婚检部门无过错。因为精神病诊断主要依靠病人的病史和临床表现，在既无病史资料又无临床表现的情况下，婚检部门不可能作出精神病的诊断。任何婚检机构都不可能到每个前来婚检者的家庭去调查其有无既往病史，故婚前检查与该无效婚姻并无必然的因果关系。婚检者自述是否真实的风险应由婚姻当事人自己承担，故法院应驳回男方的诉讼请求。

十五、在婚姻关系无效的情况下，与他人结婚是否构成重婚？如某男与某女登记结婚后，又与别人登记结婚。后来某男对其前婚向婚姻登记机关提出申请，称婚姻登记违法要求予以撤销。婚姻登记机关审查后，确认某男与

某女的婚姻登记违法，决定撤销其结婚登记并收回结婚证书，某男两次登记结婚的行为是否构成重婚？

答：我们认为，无效婚姻并非当然无效，只有经法院依法宣告为无效婚姻后才开始无效。最高人民法院相关司法解释也规定得很明确："婚姻法第十二条所规定的自始无效，是指无效或者可撤销婚姻在依法被宣告无效或被撤销时，才确定该婚姻自始不受法律保护。"也就是说，婚姻是否无效，必须由当事人或利害关系人申请经法院审查后才能确认，并非由当事人或利害关系人自由心证、自己说了算。因此，凡是领取过结婚证书的人，未经人民法院或婚姻登记机关确认婚姻无效或撤销的，都应受婚姻关系的约束。某男与某女的结婚登记在未被婚姻登记机关确认违法前，双方均应受其约束，而某男又与别人登记结婚的行为当然构成重婚。

十六、双方婚后签订一份"忠诚协议书"约定：双方应互敬互爱，对家庭、配偶、子女要有道德感和责任感。若一方在婚姻期间与他人有婚外性行为，需赔偿对方名誉损失及精神损失费 N 万元。后女方发现男方有出轨行为，遂提出离婚，并以男方违反"忠诚协议书"为由，要求法院判令男方支付赔偿金 N 万元。请问应如何看待"忠诚协议书"的效力？

答：关于夫妻"忠诚协议书"的效力问题一向争议很大。一种观点认为，夫妻"忠诚协议书"并不违法，因为夫妻忠实本来就是法律规定的内容，属于法律的明确要求，协议双方等于把法定的义务变成了约定的义务，法院应当予以认可。

还有一种观点认为，夫妻之间签订的"忠诚协议书"，虽不违法无效，但这种协议应由当事人本着诚信原则自觉履行，法院不能赋予"忠诚协议书"强制执行力。因为"忠诚协议书"要获得法院赋予的强制执行效力，必须经过一系列的查证举证程序。法院审理这类"忠诚协议书"案件，必然会面临一个尴尬而危险的举证困境和一系列社会负面影响，我们应当考虑赋予"忠诚协议书"强制执行效力的巨大社会成本。夫妻是否忠诚属于情感领域的范畴，是任何强制力量所无法克服的。所以，情感问题应当情感解决，对待夫妻忠诚协议，应当像对待婚约一样，"既不提倡也不保护"，这样才是聪明之举。

另一种观点认为，婚姻本身即契约，一方在背叛对方之前，就得考虑违约所要付出的成本。只是在没有具体协议约束的情况下，双方承担的是道德义务，而道德成本对于个人来说是隐性的，是不确定的。一旦签订了协议，就将隐性化的道德成本显性化了，当事人很可能就会三思而行。从这个意义上说，忠诚协议对于维系婚姻稳定将起到积极作用。

也有观点认为，《婚姻法》规定"夫妻应当相互忠实"而非"必须忠实"，"应当"意在提倡，只有"必须"才是法定义务。法律允许夫妻对财产关系进行约定，但不允许通过协议来设定人身关系。人身权是法定的，不能通过合同来调整。我国法律在侵权法中实行的填补损害的赔偿原则，侵权损害不能通过合同契约预定。如果允许当事人对此侵权损害事前约定，就违反了填补损害的原则，也会造成有人仗着有钱就去侵害他人权利。故忠诚协议不应被赋予法律效力，当事人不得通过契约向违背忠实义务的配偶要求赔偿。

笔者认为，对这种"忠诚协议书"应当认定为有效。因为其符合《婚姻法》的基本精神，是对《婚姻法》中"夫妻应当互相忠实"规定的具体化。也正是由于夫妻签订了具体的协议，使得《婚姻法》上原则性的夫妻忠实义务具有了可诉性。《婚姻法》第四条明文规定，"夫妻应当互相忠实，互相尊重"，第四十六条又规定，"因重婚、有配偶者与他人同居等而导致离婚的，无过错方有权请求赔偿"。《婚姻法》规定可以请求提起损害赔偿的范围只限定在重婚和有配偶者与他人同居等四种情形，而一般的通奸行为不在此列，即必须达到重婚或同居的严重程度。如果当事人之间的约定比《婚姻法》规定的范围宽泛，既包括重婚、与他人同居的行为，也包括与他人的通奸行为。虽然，违反夫妻"忠实"规定尚未达到"重婚""与他人同居"等严重程度的一方应如何承担相应责任，现行法律未做具体规定，但法律也未明文禁止当事人自行进行约定。"忠诚协议书"的约定与《婚姻法》的基本精神相吻合，给付的赔偿金具有违约赔偿性质，这种协议应当受到法律保护。但这种协议也是属于可撤销的，如果当事人在协议签订后反悔，认为该协议显失公平，或者是在对方要死要活、苦苦相逼情形下被迫无奈签订的所谓"忠诚协议书"，则可以在协议签订之日起一年之内提出撤销申请。这一年时间属于除斥期间，超过一年法院不予支持。

《合同法》第二条规定："婚姻、收养、监护等有关身份关系的协议，适用其他法律的规定。"也就是说，婚姻、收养、监护等有关身份关系的协议并不属于交易关系，当然不应受以调整交易关系为己任的《合同法》调整，例如离婚协议应由《婚姻法》调整，一方违反该协议，另一方亦不得基于《合同法》的规定而请求承担违约责任。目前许多学者认为，《合同法》第二条第二款排除的身份合同仅指没有财产内容的身份合同，夫妻关于财产问题的约定以财产关系为内容，属于《合同法》的调整范围，不过应当优先适用《婚姻法》等有关法律，这些法律没有规定时才可适用《合同法》和《民法通则》。因此，法律并没有禁止人们对有关身份关系进行协商达成协议，只不过这种有关身份关系的协议应由《婚姻法》《收养法》等法律进行调整。法院在确认有关身份关系协议的效力时，首先应审查该协议是否违反《婚姻法》《收养法》等法律的规定。

法院对夫妻之间"忠诚协议书"效力的肯定，并没有扩大现行《婚姻法》规定的适用范围。对于不构成婚外同居的一般通奸行为，法院不会主动根据《婚姻法》第四十六条的规定判决夫妻中通奸一方对另一方予以赔偿，也不会根据《婚姻法》第四条"夫妻应当相互忠实"的倡导性条款判令通奸一方承担违反忠实义务的责任。但是，对于夫妻双方在自觉自愿基础上签订的"忠诚协议书"，法院应当认定这种"忠诚协议书"有效。既然其与《婚姻法》规定的精神相吻合，又没有欺诈、胁迫的情形，当事人双方愿意通过"忠诚协议书"约束自己的行为，并提前约定了违反忠诚协议行为的违约责任，法院有什么理由否定其法律效力呢？至于违反忠诚协议行为的举证问题，根据"谁主张谁举证"的原则，法院当然不会依职权去调查什么通奸的事实。如果一方当事人主张另一方违背忠诚协议但没有相应的证据予以证明，其只能承担败诉的后果，法院又怎么会陷入"尴尬而危险"的举证困境中呢？

值得注意的是，如果当事人约定的赔偿数额过高，超过了实际负担能力，法院可以根据当事人的请求予以适当调整。

十七、妻子擅自中止妊娠，是否侵犯了丈夫的生育权？

答：近年来，伴随着 20 世纪 70 年代末出生的第一代独生子女陆续进入婚育阶段，审判实践中出现了不少生育权纠纷，引起人们的广泛关注和热评。有些女性为了工作、学习深造、保持身材等原因不愿生育，未经丈夫同意擅自中止妊娠，双方因此发生纠纷，男方往往在提出离婚的同时以生育权受到侵害为由请求损害赔偿。

生育权是指男女公民依法通过自然或人工方法繁衍抚育后代的权利，系人格权的一种，是自然人与生俱来的权利，是为维护自身独立人格所必备的，不必依附于特定的配偶身份，具有对世属性。未婚男女同样享有生育权。国家无权强制其堕胎，只能要求其承担不依法定方式生育的责任。

对夫妻双方来说，丈夫和妻子都平等地享有法律赋予的生育权。但在夫妻之间生育利益发生冲突时，谁享有生育决定权的问题上，倾向性观点认为：生育权是法律赋予公民的一项基本权利，夫妻双方各自都享有生育权。只有夫妻双方协商一致，共同行使这一权利，生育权才能得以实现。《妇女权益保障法》赋予已婚妇女不生育的自由，是为了强调妇女在生育问题上享有的独立权利，不受丈夫意志的左右。由于自然生育过程是由妇女承担和完成，妇女应当享有生育的最后支配权。如果妻子不愿意生育，丈夫不得以其享有生育权为由强迫妻子生育。妻子未经丈夫同意终止妊娠，虽可能对夫妻感情造成伤害，甚至危及婚姻的稳定，但丈夫并不能以本人享有的生育权对抗妻子享有的生育决定权。当夫妻生育权产生冲突时，法律必须保障妇女不受他人干涉自由地行使生育权。在这个问题上，法律对妇女行使生育权的任何负担的设置，如赋予丈夫对妻子人工流产的同意权，或者课以妻子通知丈夫的义务，都是对妻子生育权行使的有效否决，都有可能造成丈夫强迫妻子生育的为现代文明所不容的社会悲剧。故妻子单方终止妊娠不构成对丈夫生育权的侵犯。

英国、澳大利亚、加拿大的有关法律和司法判例都明确肯定，丈夫没有阻止妻子堕胎的权利。在澳大利亚，1983 年凯诉特案件中，昆士兰州最高法院的威廉斯法官同意丈夫无权阻止妻子堕胎的观点。

美国联邦最高法院在答复州法律是否可以规定妻子进行人工流产须征得丈夫同意问题时，明确持否定立场："我们不是没有意识到丈夫对于妻子的怀孕和妻子孕育中的胎儿的成长和发展所持有深切的和适当的关注和利益。联邦最高法院迄今也没有忽视婚姻关系在社会生活中的重要性。而且，我们认识到，是否进行人工流产，可能会影响部分婚姻关系的发展，包括物质和精神的影响，而且这种影响可能是不利的。尽管如此，我们不认为各州享有宪法所赋予的权利——可以准许男方单方面行使权利阻止妻子终止妊娠。"美国最高法院的法官们通过一系列的判例确认了妇女的堕胎权，否定了丈夫对妻子流产的同意权，明确指出，在父亲的利益与母亲的私权冲突时，法院倾向于保护后者，"是母亲怀着孩子并直接和立刻受着怀孕的影响"。

鉴于生育子女目前还是我国多数家庭的重要职能之一，绝大多数夫妻期望能够生育自己的孩子，享受天伦之乐。当夫妻双方的生育权发生冲突时，应当有法律上的救济途径。如果法律上认定妻子擅自中止妊娠不构成对丈夫生育权的侵犯，而又不允许丈夫以此为理由提出离婚，实质上就是强迫丈夫娶一个不愿生育的配偶，其后果即严重侵害了公民的生育权。因此，夫妻因是否生育问题产生纠纷，导致感情确已破裂的，应作为离婚的法定理由之一。在调解无效时，人民法院可以按照《婚姻法》第三十二条"其他导致夫妻感情破裂的情形"的规定判决准予双方离婚。

十八、某案，女方以丈夫与婚外异性交往超出一般朋友关系而造成其家庭不睦为由向法院起诉，要求法院判令第三者立即停止插足自己的家庭、赔礼道歉并赔偿精神损失 5 万元。女方的请求可以得到法院的支持吗？

答：关于"配偶权"问题的争论一直非常激烈，而最终修订后的《婚姻法》并未规定所谓"配偶权"，更没有规定配偶可以追究第三者的民事赔偿责任。目前，起诉第三者要求其承担侵犯"配偶权"的责任没有明确的法律依据。毕竟婚姻关系不同于其他社会关系，它的建立以感情为基础，它的解除同样依据感情是否破裂。那种以为法律增加"配偶权"规定就可以将貌合神离的夫妻捆绑在一起，是十分幼稚和可笑的，因为法律只能规范人们的行为，不能规范人们的情感。

2010 年 7 月 1 日开始施行的《侵权责任法》第二条规定："侵害民事权益，应当依照本法承担侵权责任。本法所称民事权益，包括生命权、健康权、姓名权、名誉权、荣誉权、肖像权、隐私权、婚姻自主权、监护权、所有权、用益物权、担保物权、著作权、专利权、商标专用权、发现权、股权、继承权等人身、财产权益。"本条所列的民事权益也没有包括"配偶权"。

《婚姻法司法解释（一）》第二十九条规定："承担婚姻法第四十六条规定的损害赔偿责任的主体，为离婚诉讼当事人中无过错方的配偶。"这条司法解释已经明确了承担离婚损害赔偿责任的主体，排除了婚内一方起诉第三者的可能。夫妻关系不是财产所有权关系，不能因为夫妻领了结婚证就相互是对方的财产。在《婚姻法》中没有明确规定"配偶权"是十分明智的选择，离不离婚是夫妻双方的事，第三者充其量是一个诱因。我们不能把夫妻感情破裂的所有责任都强加在第三者身上，并以此要求其承担拯救家庭的责任和损害赔偿责任。综上，法院应裁定驳回女方的起诉。

附录二

中华人民共和国婚姻法（修正）

（1980 年 9 月 10 日第五届全国人民代表大会第三次会议通过
根据 2001 年 4 月 28 日第九届全国人民代表大会常务委员会第二十一次会议
《关于修改〈中华人民共和国婚姻法〉的决定》修正）

第一章 总 则

第一条 本法是婚姻家庭关系的基本准则。

第二条 实行婚姻自由、一夫一妻、男女平等的婚姻制度。

保护妇女、儿童和老人的合法权益。

实行计划生育。

第三条 禁止包办、买卖婚姻和其他干涉婚姻自由的行为。禁止借婚姻索取财物。

禁止重婚。禁止有配偶者与他人同居。禁止家庭暴力。禁止家庭成员间的虐待和遗弃。

第四条 夫妻应当互相忠实，互相尊重；家庭成员间应当敬老爱幼，互相帮助，维护平等、和睦、文明的婚姻家庭关系。

第二章 结 婚

第五条 结婚必须男女双方完全自愿，不许任何一方对他方加以强迫或任何第三者加以干涉。

第六条 结婚年龄，男不得早于二十二周岁，女不得早于二十周岁。晚婚晚育应予鼓励。

第七条 有下列情形之一的，禁止结婚：

（一）直系血亲和三代以内的旁系血亲；

（二）患有医学上认为不应当结婚的疾病。

第八条 要求结婚的男女双方必须亲自到婚姻登记机关进行结婚登记。符合本法规定的，予以登记，发给结婚证。取得结婚证，即确立夫妻关系。未办理结婚登记的，应当补办登记。

第九条 登记结婚后，根据男女双方约定，女方可以成为男方家庭的成员，男方可以成为女方家庭的成员。

第十条 有下列情形之一的，婚姻无效：

（一）重婚的；

（二）有禁止结婚的亲属关系的；

（三）婚前患有医学上认为不应当结婚的疾病，婚后尚未治愈的；

（四）未到法定婚龄的。

第十一条 因胁迫结婚的，受胁迫的一方可以向婚姻登记机关或人民法院请求撤销该婚姻。受胁迫的一方撤销婚姻的请求，应当自结婚登记之日起一年内提出。被非法限制人身自由的当事人请求撤销婚姻的，应当自恢复人身自由之日起一年内提出。

第十二条 无效或被撤销的婚姻，自始无效。当事人不具有夫妻的权利和义务。同居期间所得的财产，由当事人协议处理；协议不成时，由人民法院根据照顾无过错方的原则判决。对重婚导致的婚姻无效的财产处理，不得侵害合法婚姻当事人的财产权益。当事人所生的子女，适用本法有关父母子女的规定。

第三章 家庭关系

第十三条 夫妻在家庭中地位平等。

第十四条 夫妻双方都有各用自己姓名的权利。

第十五条 夫妻双方都有参加生产、工作、学习和社会活动的自由，一方不得对他方加以限制或干涉。

第十六条 夫妻双方都有实行计划生育的义务。

第十七条 夫妻在婚姻关系存续期间所得的下列财产，归夫妻共同所有：

（一）工资、奖金；

（二）生产、经营的收益；

（三）知识产权的收益；

（四）继承或赠与所得的财产，但本法第十八条第三项规定的除外；

（五）其他应当归共同所有的财产。

夫妻对共同所有的财产，有平等的处理权。

第十八条 有下列情形之一的，为夫妻一方的财产：

（一）一方的婚前财产；

（二）一方因身体受到伤害获得的医疗费、残疾人生活补助费等费用；

（三）遗嘱或赠与合同中确定只归夫或妻一方的财产；

（四）一方专用的生活用品；

（五）其他应当归一方的财产。

第十九条 夫妻可以约定婚姻关系存续期间所得的财产以及婚前财产归各自所有、共同所有或部分各自所有、部分共同所有。约定应当采用书面形式。没有约定或约定不明确的，适用本法第十七条、第十八条的规定。

夫妻对婚姻关系存续期间所得的财产以及婚前财产的约定，对双方具有约束力。

夫妻对婚姻关系存续期间所得的财产约定归各自所有的，夫或妻一方对外所负的债务，第三人知道该约定的，以夫或妻一方所有的财产清偿。

第二十条 夫妻有互相扶养的义务。

一方不履行扶养义务时，需要扶养的一方，有要求对方付给扶养费的权利。

第二十一条 父母对子女有抚养教育的义务；子女对父母有赡养扶助的义务。

父母不履行抚养义务时，未成年的或不能独立生活的子女，有要求父母付给抚养费的权利。

子女不履行赡养义务时，无劳动能力的或生活困难的父母，有要求子女付给赡养费的权利。

禁止溺婴、弃婴和其他残害婴儿的行为。

第二十二条 子女可以随父姓，可以随母姓。

第二十三条 父母有保护和教育未成年子女的权利和义务。在未成年子女对国家、集体或他人造成损害时，父母有承担民事责任的义务。

第二十四条 夫妻有相互继承遗产的权利。父母和子女有相互继承遗产的权利。

第二十五条 非婚生子女享有与婚生子女同等的权利，任何人不得加以危害和歧视。

不直接抚养非婚生子女的生父或生母，应当负担子女的生活费和教育费，直至子女能独立生活为止。

第二十六条 国家保护合法的收养关系。养父母和养子女间的权利和义务，适用本法对父母子女关系的有关规定。

养子女和生父母间的权利和义务，因收养关系的成立而消除。

第二十七条 继父母与继子女间，不得虐待或歧视。

继父或继母和受其抚养教育的继子女间的权利和义务，适用本法对父母子女关系的有关规定。

第二十八条　有负担能力的祖父母、外祖父母，对于父母已经死亡或父母无力抚养的未成年的孙子女、外孙子女，有抚养的义务。有负担能力的孙子女、外孙子女，对于子女已经死亡或子女无力赡养的祖父母、外祖父母，有赡养的义务。

第二十九条　有负担能力的兄、姐，对于父母已经死亡或父母无力抚养的未成年的弟、妹，有扶养的义务。由兄、姐扶养长大的有负担能力的弟、妹，对于缺乏劳动能力又缺乏生活来源的兄、姐，有扶养的义务。

第三十条　子女应当尊重父母的婚姻权利，不得干涉父母再婚以及婚后的生活。子女对父母的赡养义务，不因父母的婚姻关系变化而终止。

第四章　离　婚

第三十一条　男女双方自愿离婚的，准予离婚。双方必须到婚姻登记机关申请离婚。婚姻登记机关查明双方确实是自愿并对子女和财产问题已有适当处理时，发给离婚证。

第三十二条　男女一方要求离婚的，可由有关部门进行调解或直接向人民法院提出离婚诉讼。

人民法院审理离婚案件，应当进行调解；如感情确已破裂，调解无效，应准予离婚。

有下列情形之一，调解无效的，应准予离婚：

（一）重婚或有配偶者与他人同居的；

（二）实施家庭暴力或虐待、遗弃家庭成员的；

（三）有赌博、吸毒等恶习屡教不改的；

（四）因感情不和分居满二年的；

（五）其他导致夫妻感情破裂的情形。

一方被宣告失踪，另一方提出离婚诉讼的，应准予离婚。

第三十三条　现役军人的配偶要求离婚，须得军人同意，但军人一方有重大过错的除外。

第三十四条　女方在怀孕期间、分娩后一年内或中止妊娠后六个月内，男方不得提出离婚。女方提出离婚的，或人民法院认为确有必要受理男方离婚请求的，不在此限。

第三十五条　离婚后，男女双方自愿恢复夫妻关系的，必须到婚姻登记机关进行复婚登记。

第三十六条 父母与子女间的关系，不因父母离婚而消除。离婚后，子女无论由父或母直接抚养，仍是父母双方的子女。

离婚后，父母对于子女仍有抚养和教育的权利和义务。

离婚后，哺乳期内的子女，以随哺乳的母亲抚养为原则。哺乳期后的子女，如双方因抚养问题发生争执不能达成协议时，由人民法院根据子女的权益和双方的具体情况判决。

第三十七条 离婚后，一方抚养的子女，另一方应负担必要的生活费和教育费的一部或全部，负担费用的多少和期限的长短，由双方协议；协议不成时，由人民法院判决。

关于子女生活费和教育费的协议或判决，不妨碍子女在必要时向父母任何一方提出超过协议或判决原定数额的合理要求。

第三十八条 离婚后，不直接抚养子女的父或母，有探望子女的权利，另一方有协助的义务。

行使探望权利的方式、时间由当事人协议；协议不成时，由人民法院判决。

父或母探望子女，不利于子女身心健康的，由人民法院依法中止探望的权利；中止的事由消失后，应当恢复探望的权利。

第三十九条 离婚时，夫妻的共同财产由双方协议处理；协议不成时，由人民法院根据财产的具体情况，照顾子女和女方权益的原则判决。

夫或妻在家庭土地承包经营中享有的权益等，应当依法予以保护。

第四十条 夫妻书面约定婚姻关系存续期间所得的财产归各自所有，一方因抚育子女、照料老人、协助另一方工作等付出较多义务的，离婚时有权向另一方请求补偿，另一方应当予以补偿。

第四十一条 离婚时，原为夫妻共同生活所负的债务，应当共同偿还。共同财产不足清偿的，或财产归各自所有的，由双方协议清偿；协议不成时，由人民法院判决。

第四十二条 离婚时，如一方生活困难，另一方应从其住房等个人财产中给予适当帮助。具体办法由双方协议；协议不成时，由人民法院判决。

第五章　救助措施与法律责任

第四十三条 实施家庭暴力或虐待家庭成员，受害人有权提出请求，居民委员会、村民委员会以及所在单位应当予以劝阻、调解。

对正在实施的家庭暴力，受害人有权提出请求，居民委员会、村民委员会应当予以劝阻；公安机关应当予以制止。

实施家庭暴力或虐待家庭成员，受害人提出请求的，公安机关应当依照治安管理处罚的法律规定予以行政处罚。

第四十四条 对遗弃家庭成员，受害人有权提出请求，居民委员会、村民委员会以及所在单位应当予以劝阻、调解。

对遗弃家庭成员，受害人提出请求的，人民法院应当依法作出支付扶养费、抚养费、赡养费的判决。

第四十五条 对重婚的，对实施家庭暴力或虐待、遗弃家庭成员构成犯罪的，依法追究刑事责任。受害人可以依照刑事诉讼法的有关规定，向人民法院自诉；公安机关应当依法侦查，人民检察院应当依法提起公诉。

第四十六条 有下列情形之一，导致离婚的，无过错方有权请求损害赔偿：

（一）重婚的；

（二）有配偶者与他人同居的；

（三）实施家庭暴力的；

（四）虐待、遗弃家庭成员的。

第四十七条 离婚时，一方隐藏、转移、变卖、毁损夫妻共同财产，或伪造债务企图侵占另一方财产的，分割夫妻共同财产时，对隐藏、转移、变卖、毁损夫妻共同财产或伪造债务的一方，可以少分或不分。离婚后，另一方发现有上述行为的，可以向人民法院提起诉讼，请求再次分割夫妻共同财产。

人民法院对前款规定的妨害民事诉讼的行为，依照民事诉讼法的规定予以制裁。

第四十八条 对拒不执行有关扶养费、抚养费、赡养费、财产分割、遗产继承、探望子女等判决或裁定的，由人民法院依法强制执行。有关个人和单位应负协助执行的责任。

第四十九条 其他法律对有关婚姻家庭的违法行为和法律责任另有规定的，依照其规定。

第六章 附 则

第五十条 民族自治地方的人民代表大会有权结合当地民族婚姻家庭的具体情况，制定变通规定。自治州、自治县制定的变通规定，报省、自治区、直辖市人民代表大会常务委员会批准后生效。自治区制定的变通规定，报全国人民代表大会常务委员会批准后生效。

第五十一条　本法自 1981 年 1 月 1 日起施行。

1950 年 5 月 1 日颁行的《中华人民共和国婚姻法》，自本法施行之日起废止。

附录三

最高人民法院关于适用《中华人民共和国婚姻法》
若干问题的解释（一）

法释〔2001〕30 号

为了正确审理婚姻家庭纠纷案件，根据《中华人民共和国婚姻法》（以下简称婚姻法）、《中华人民共和国民事诉讼法》等法律的规定，对人民法院适用婚姻法的有关问题作出如下解释：

第一条　婚姻法第三条、第三十二条、第四十三条、第四十五条、第四十六条所称的"家庭暴力"，是指行为人以殴打、捆绑、残害、强行限制人身自由或者其他手段，给其家庭成员的身体、精神等方面造成一定伤害后果的行为。持续性、经常性的家庭暴力，构成虐待。

第二条　婚姻法第三条、第三十二条、第四十六条规定的"有配偶者与他人同居"的情形，是指有配偶者与婚外异性，不以夫妻名义，持续、稳定地共同居住。

第三条　当事人仅以婚姻法第四条为依据提起诉讼的，人民法院不予受理；已经受理的，裁定驳回起诉。

第四条　男女双方根据婚姻法第八条规定补办结婚登记的，婚姻关系的效力从双方均符合婚姻法所规定的结婚的实质要件时起算。

第五条　未按婚姻法第八条规定办理结婚登记而以夫妻名义共同生活的男女，起诉到人民法院要求离婚的，应当区别对待：

（一）1994 年 2 月 1 日民政部《婚姻登记管理条例》公布实施以前，男女双方已经符合结婚实质要件的，按事实婚姻处理；

（二）1994 年 2 月 1 日民政部《婚姻登记管理条例》公布实施以后，男女双方符合结婚实质要件的，人民法院应当告知其在案件受理前补办结婚登记；未补办结婚登记的，按解除同居关系处理。

第六条　未按婚姻法第八条规定办理结婚登记而以夫妻名义共同生活的男女，一方死亡，另一方以配偶身份主张享有继承权的，按照本解释第五条的原则处理。

第七条 有权依据婚姻法第十条规定向人民法院就已办理结婚登记的婚姻申请宣告婚姻无效的主体，包括婚姻当事人及利害关系人。利害关系人包括：

（一）以重婚为由申请宣告婚姻无效的，为当事人的近亲属及基层组织。

（二）以未到法定婚龄为由申请宣告婚姻无效的，为未达法定婚龄者的近亲属。

（三）以有禁止结婚的亲属关系为由申请宣告婚姻无效的，为当事人的近亲属。

（四）以婚前患有医学上认为不应当结婚的疾病，婚后尚未治愈为由申请宣告婚姻无效的，为与患病者共同生活的近亲属。

第八条 当事人依据婚姻法第十条规定向人民法院申请宣告婚姻无效的，申请时，法定的无效婚姻情形已经消失的，人民法院不予支持。

第九条 人民法院审理宣告婚姻无效案件，对婚姻效力的审理不适用调解，应当依法作出判决；有关婚姻效力的判决一经作出，即发生法律效力。

涉及财产分割和子女抚养的，可以调解。调解达成协议的，另行制作调解书。对财产分割和子女抚养问题的判决不服的，当事人可以上诉。

第十条 婚姻法第十一条所称的"胁迫"，是指行为人以给另一方当事人或者其近亲属的生命、身体健康、名誉、财产等方面造成损害为要挟，迫使另一方当事人违背真实意愿结婚的情况。

因受胁迫而请求撤销婚姻的，只能是受胁迫一方的婚姻关系当事人本人。

第十一条 人民法院审理婚姻当事人因受胁迫而请求撤销婚姻的案件，应当适用简易程序或者普通程序。

第十二条 婚姻法第十一条规定的"一年"，不适用诉讼时效中止、中断或者延长的规定。

第十三条 婚姻法第十二条所规定的自始无效，是指无效或者可撤销婚姻在依法被宣告无效或被撤销时，才确定该婚姻自始不受法律保护。

第十四条 人民法院根据当事人的申请，依法宣告婚姻无效或者撤销婚姻的，应当收缴双方的结婚证书并将生效的判决书寄送当地婚姻登记管理机关。

第十五条 被宣告无效或被撤销的婚姻，当事人同居期间所得的财产，按共同共有处理。但有证据证明为当事人一方所有的除外。

第十六条　人民法院审理重婚导致的无效婚姻案件时，涉及财产处理的，应当准许合法婚姻当事人作为有独立请求权的第三人参加诉讼。

第十七条　婚姻法第十七条关于"夫或妻对夫妻共同所有的财产，有平等的处理权"的规定，应当理解为：

（一）夫或妻在处理夫妻共同财产上的权利是平等的。因日常生活需要而处理夫妻共同财产的，任何一方均有权决定。

（二）夫或妻非因日常生活需要对夫妻共同财产做重要处理决定，夫妻双方应当平等协商，取得一致意见。他人有理由相信其为夫妻双方共同意思表示的，另一方不得以不同意或不知道为由对抗善意第三人。

第十八条　婚姻法第十九条所称"第三人知道该约定的"，夫妻一方对此负有举证责任。

第十九条　婚姻法第十八条规定为夫妻一方所有的财产，不因婚姻关系的延续而转化为夫妻共同财产。但当事人另有约定的除外。

第二十条　婚姻法第二十一条规定的"不能独立生活的子女"，是指尚在校接受高中及其以下学历教育，或者丧失或未完全丧失劳动能力等非因主观原因而无法维持正常生活的成年子女。

第二十一条　婚姻法第二十一条所称"抚养费"，包括子女生活费、教育费、医疗费等费用。

第二十二条　人民法院审理离婚案件，符合第三十二条第二款规定"应准予离婚"情形的，不应当因当事人有过错而判决不准离婚。

第二十三条　婚姻法第三十三条所称的"军人一方有重大过错"，可以依据婚姻法第三十二条第二款前三项规定及军人有其他重大过错导致夫妻感情破裂的情形予以判断。

第二十四条　人民法院作出的生效的离婚判决中未涉及探望权，当事人就探望权问题单独提起诉讼的，人民法院应予受理。

第二十五条　当事人在履行生效判决、裁定或者调解书的过程中，请求中止行使探望权的，人民法院在征询双方当事人意见后，认为需要中止行使探望权的，依法作出裁定。中止探望的情形消失后，人民法院应当根据当事人的申请通知其恢复探望权的行使。

第二十六条　未成年子女、直接抚养子女的父或母及其他对未成年子女负担抚养、教育义务的法定监护人，有权向人民法院提出中止探望权的请求。

第二十七条　婚姻法第四十二条所称"一方生活困难"，是指依靠个人财产和离婚时分得的财产无法维持当地基本生活水平。

一方离婚后没有住处的，属于生活困难。

离婚时，一方以个人财产中的住房对生活困难者进行帮助的形式，可以是房屋的居住权或者房屋的所有权。

第二十八条　婚姻法第四十六条规定的"损害赔偿"，包括物质损害赔偿和精神损害赔偿。涉及精神损害赔偿的，适用最高人民法院《关于确定民事侵权精神损害赔偿责任若干问题的解释》的有关规定。

第二十九条　承担婚姻法第四十六条规定的损害赔偿责任的主体，为离婚诉讼当事人中无过错方的配偶。

人民法院判决不准离婚的案件，对于当事人基于婚姻法第四十六条提出的损害赔偿请求，不予支持。

在婚姻关系存续期间，当事人不起诉离婚而单独依据该条规定提起损害赔偿请求的，人民法院不予受理。

第三十条　人民法院受理离婚案件时，应当将婚姻法第四十六条等规定中当事人的有关权利义务，书面告知当事人。在适用婚姻法第四十六条时，应当区分以下不同情况：

（一）符合婚姻法第四十六条规定的无过错方作为原告基于该条规定向人民法院提起损害赔偿请求的，必须在离婚诉讼的同时提出。

（二）符合婚姻法第四十六条规定的无过错方作为被告的离婚诉讼案件，如果被告不同意离婚也不基于该条规定提起损害赔偿请求的，可以在离婚后一年内就此单独提起诉讼。

（三）无过错方作为被告的离婚诉讼案件，一审时被告未基于婚姻法第四十六条规定提出损害赔偿请求，二审期间提出的，人民法院应当进行调解，调解不成的，告知当事人在离婚后一年内另行起诉。

第三十一条　当事人依据婚姻法第四十七条的规定向人民法院提起诉讼，请求再次分割夫妻共同财产的诉讼时效为两年，从当事人发现之次日起计算。

第三十二条　婚姻法第四十八条关于对拒不执行有关探望子女等判决和裁定的，由人民法院依法强制执行的规定，是指对拒不履行协助另一方行使探望权的有关个人和单位采取拘留、罚款等强制措施，不能对子女的人身、探望行为进行强制执行。

第三十三条 婚姻法修改后正在审理的一、二审婚姻家庭纠纷案件，一律适用修改后的婚姻法。此前最高人民法院作出的相关司法解释如与本解释相抵触，以本解释为准。

第三十四条 本解释自公布之日起施行。

附录四

最高人民法院关于适用《中华人民共和国婚姻法》若干问题的解释（二）

法释〔2003〕19号

为正确审理婚姻家庭纠纷案件，根据《中华人民共和国婚姻法》（以下简称婚姻法）、《中华人民共和国民事诉讼法》等相关法律规定，对人民法院适用婚姻法的有关问题作出如下解释：

第一条 当事人起诉请求解除同居关系的，人民法院不予受理。但当事人请求解除的同居关系，属于婚姻法第三条、第三十二条、第四十六条规定的"有配偶者与他人同居"的，人民法院应当受理并依法予以解除。

当事人因同居期间财产分割或者子女抚养纠纷提起诉讼的，人民法院应当受理。

第二条 人民法院受理申请宣告婚姻无效案件后，经审查确属无效婚姻的，应当依法作出宣告婚姻无效的判决。原告申请撤诉的，不予准许。

第三条 人民法院受理离婚案件后，经审查确属无效婚姻的，应当将婚姻无效的情形告知当事人，并依法作出宣告婚姻无效的判决。

第四条 人民法院审理无效婚姻案件，涉及财产分割和子女抚养的，应当对婚姻效力的认定和其他纠纷的处理分别制作裁判文书。

第五条 夫妻一方或者双方死亡后一年内，生存一方或者利害关系人依据婚姻法第十条的规定申请宣告婚姻无效的，人民法院应当受理。

第六条 利害关系人依据婚姻法第十条的规定，申请人民法院宣告婚姻无效的，利害关系人为申请人，婚姻关系当事人双方为被申请人。

夫妻一方死亡的，生存一方为被申请人。

夫妻双方均已死亡的，不列被申请人。

第七条 人民法院就同一婚姻关系分别受理了离婚和申请宣告婚姻无效案件的，对于离婚案件的审理，应当待申请宣告婚姻无效案件作出判决后进行。

前款所指的婚姻关系被宣告无效后，涉及财产分割和子女抚养的，应当继续审理。

第八条 离婚协议中关于财产分割的条款或者当事人因离婚就财产分割达成的协议，对男女双方具有法律约束力。

当事人因履行上述财产分割协议发生纠纷提起诉讼的，人民法院应当受理。

第九条 男女双方协议离婚后一年内就财产分割问题反悔，请求变更或者撤销财产分割协议的，人民法院应当受理。

人民法院审理后，未发现订立财产分割协议时存在欺诈、胁迫等情形的，应当依法驳回当事人的诉讼请求。

第十条 当事人请求返还按照习俗给付的彩礼的，如果查明属于以下情形，人民法院应当予以支持：

（一）双方未办理结婚登记手续的；

（二）双方办理结婚登记手续但确未共同生活的；

（三）婚前给付并导致给付人生活困难的。

适用前款第（二）（三）项的规定，应当以双方离婚为条件。

第十一条 婚姻关系存续期间，下列财产属于婚姻法第十七条规定的"其他应当归共同所有的财产"：

（一）一方以个人财产投资取得的收益；

（二）男女双方实际取得或者应当取得的住房补贴、住房公积金；

（三）男女双方实际取得或者应当取得的养老保险金、破产安置补偿费。

第十二条 婚姻法第十七条第三项规定的"知识产权的收益"，是指婚姻关系存续期间，实际取得或者已经明确可以取得的财产性收益。

第十三条 军人的伤亡保险金、伤残补助金、医药生活补助费属于个人财产。

第十四条 人民法院审理离婚案件，涉及分割发放到军人名下的复员费、自主择业费等一次性费用的，以夫妻婚姻关系存续年限乘以年平均值，所得数额为夫妻共同财产。

前款所称年平均值，是指将发放到军人名下的上述费用总额按具体年限均分得出的数额。其具体年限为人均寿命七十岁与军人入伍时实际年龄的差额。

第十五条 夫妻双方分割共同财产中的股票、债券、投资基金份额等有价证券以及未上市股份有限公司股份时，协商不成或者按市价分配有困难的，人民法院可以根据数量按比例分配。

第十六条 人民法院审理离婚案件，涉及分割夫妻共同财产中以一方名义在有限责任公司的出资额，另一方不是该公司股东的，按以下情形分别处理：

（一）夫妻双方协商一致将出资额部分或者全部转让给该股东的配偶，过半数股东同意、其他股东明确表示放弃优先购买权的，该股东的配偶可以成为该公司股东；

（二）夫妻双方就出资额转让份额和转让价格等事项协商一致后，过半数股东不同意转让，但愿意以同等价格购买该出资额的，人民法院可以对转让出资所得财产进行分割。过半数股东不同意转让，也不愿意以同等价格购买该出资额的，视为其同意转让，该股东的配偶可以成为该公司股东。

用于证明前款规定的过半数股东同意的证据，可以是股东会决议，也可以是当事人通过其他合法途径取得的股东的书面声明材料。

第十七条 人民法院审理离婚案件，涉及分割夫妻共同财产中以一方名义在合伙企业中的出资，另一方不是该企业合伙人的，当夫妻双方协商一致，将其合伙企业中的财产份额全部或者部分转让给对方时，按以下情形分别处理：

（一）其他合伙人一致同意的，该配偶依法取得合伙人地位；

（二）其他合伙人不同意转让，在同等条件下行使优先受让权的，可以对转让所得的财产进行分割；

（三）其他合伙人不同意转让，也不行使优先受让权，但同意该合伙人退伙或者退还部分财产份额的，可以对退还的财产进行分割；

（四）其他合伙人既不同意转让，也不行使优先受让权，又不同意该合伙人退伙或者退还部分财产份额的，视为全体合伙人同意转让，该配偶依法取得合伙人地位。

第十八条 夫妻以一方名义投资设立独资企业的，人民法院分割夫妻在该独资企业中的共同财产时，应当按照以下情形分别处理：

（一）一方主张经营该企业的，对企业资产进行评估后，由取得企业一方给予另一方相应的补偿；

（二）双方均主张经营该企业的，在双方竞价基础上，由取得企业的一方给予另一方相应的补偿；

（三）双方均不愿意经营该企业的，按照《中华人民共和国个人独资企业法》等有关规定办理。

第十九条 由一方婚前承租、婚后用共同财产购买的房屋，房屋权属证书登记在一方名下的，应当认定为夫妻共同财产。

第二十条　双方对夫妻共同财产中的房屋价值及归属无法达成协议时，人民法院按以下情形分别处理：

（一）双方均主张房屋所有权并且同意竞价取得的，应当准许；

（二）一方主张房屋所有权的，由评估机构按市场价格对房屋作出评估，取得房屋所有权的一方应当给予另一方相应的补偿；

（三）双方均不主张房屋所有权的，根据当事人的申请拍卖房屋，就所得价款进行分割。

第二十一条　离婚时双方对尚未取得所有权或者尚未取得完全所有权的房屋有争议且协商不成的，人民法院不宜判决房屋所有权的归属，应当根据实际情况判决由当事人使用。

当事人就前款规定的房屋取得完全所有权后，有争议的，可以另行向人民法院提起诉讼。

第二十二条　当事人结婚前，父母为双方购置房屋出资的，该出资应当认定为对自己子女的个人赠与，但父母明确表示赠与双方的除外。

当事人结婚后，父母为双方购置房屋出资的，该出资应当认定为对夫妻双方的赠与，但父母明确表示赠与一方的除外。

第二十三条　债权人就一方婚前所负个人债务向债务人的配偶主张权利的，人民法院不予支持。但债权人能够证明所负债务用于婚后家庭共同生活的除外。

第二十四条　债权人就婚姻关系存续期间夫妻一方以个人名义所负债务主张权利的，应当按夫妻共同债务处理。但夫妻一方能够证明债权人与债务人明确约定为个人债务，或者能够证明属于婚姻法第十九条第三款规定情形的除外。

第二十五条　当事人的离婚协议或者人民法院的判决书、裁定书、调解书已经对夫妻财产分割问题作出处理的，债权人仍有权就夫妻共同债务向男女双方主张权利。

一方就共同债务承担连带清偿责任后，基于离婚协议或者人民法院的法律文书向另一方主张追偿的，人民法院应当支持。

第二十六条　夫或妻一方死亡的，生存一方应当对婚姻关系存续期间的共同债务承担连带清偿责任。

第二十七条　当事人在婚姻登记机关办理离婚登记手续后，以婚姻法第四十六条规定为由向人民法院提出损害赔偿请求的，人民法院应当受理。但当事人在协议离婚时已经明确表示放弃该项请求，或者在办理离婚登记手续一年后提出的，不予支持。

第二十八条 夫妻一方申请对配偶的个人财产或者夫妻共同财产采取保全措施的，人民法院可以在采取保全措施可能造成损失的范围内，根据实际情况，确定合理的财产担保数额。

第二十九条 本解释自 2004 年 4 月 1 日起施行。

本解释施行后，人民法院新受理的一审婚姻家庭纠纷案件，适用本解释。

本解释施行后，此前最高人民法院作出的相关司法解释与本解释相抵触的，以本解释为准。

附录五

最高人民法院关于适用《中华人民共和国婚姻法》若干问题的解释（三）

法释〔2011〕18 号

为正确审理婚姻家庭纠纷案件，根据《中华人民共和国婚姻法》《中华人民共和国民事诉讼法》等相关法律规定，对人民法院适用婚姻法的有关问题作出如下解释：

第一条 当事人以婚姻法第十条规定以外的情形申请宣告婚姻无效的，人民法院应当判决驳回当事人的申请。

当事人以结婚登记程序存在瑕疵为由提起民事诉讼，主张撤销结婚登记的，告知其可以依法申请行政复议或者提起行政诉讼。

第二条 夫妻一方向人民法院起诉请求确认亲子关系不存在，并已提供必要证据予以证明，另一方没有相反证据又拒绝做亲子鉴定的，人民法院可以推定请求确认亲子关系不存在一方的主张成立。

当事人一方起诉请求确认亲子关系，并提供必要证据予以证明，另一方没有相反证据又拒绝做亲子鉴定的，人民法院可以推定请求确认亲子关系一方的主张成立。

第三条 婚姻关系存续期间，父母双方或者一方拒不履行抚养子女义务，未成年或者不能独立生活的子女请求支付抚养费的，人民法院应予支持。

第四条 婚姻关系存续期间，夫妻一方请求分割共同财产的，人民法院不予支持，但有下列重大理由且不损害债权人利益的除外：

（一）一方有隐藏、转移、变卖、毁损、挥霍夫妻共同财产或者伪造夫妻共同债务等严重损害夫妻共同财产利益行为的；

（二）一方负有法定扶养义务的人患重大疾病需要医治，另一方不同意支付相关医疗费用的。

第五条 夫妻一方个人财产在婚后产生的收益，除孳息和自然增值外，应认定为夫妻共同财产。

第六条 婚前或者婚姻关系存续期间，当事人约定将一方所有的房产赠与另一方，赠与方在赠与房产变更登记之前撤销赠与，另一方请求判令继续履行的，人民法院可以按照合同法第一百八十六条的规定处理。

第七条 婚后由一方父母出资为子女购买的不动产，产权登记在出资人子女名下的，可按照婚姻法第十八条第（三）项的规定，视为只对自己子女一方的赠与，该不动产应认定为夫妻一方的个人财产。

由双方父母出资购买的不动产，产权登记在一方子女名下的，该不动产可认定为双方按照各自父母的出资份额按份共有，但当事人另有约定的除外。

第八条 无民事行为能力人的配偶有虐待、遗弃等严重损害无民事行为能力一方的人身权利或者财产权益行为，其他有监护资格的人可以依照特别程序要求变更监护关系；变更后的监护人代理无民事行为能力一方提起离婚诉讼的，人民法院应予受理。

第九条 夫以妻擅自中止妊娠侵犯其生育权为由请求损害赔偿的，人民法院不予支持；夫妻双方因是否生育发生纠纷，致使感情确已破裂，一方请求离婚的，人民法院经调解无效，应依照婚姻法第三十二条第三款第（五）项的规定处理。

第十条 夫妻一方婚前签订不动产买卖合同，以个人财产支付首付款并在银行贷款，婚后用夫妻共同财产还贷，不动产登记于首付款支付方名下的，离婚时该不动产由双方协议处理。

依前款规定不能达成协议的，人民法院可以判决该不动产归产权登记一方，尚未归还的贷款为产权登记一方的个人债务。双方婚后共同还贷支付的款项及其相对应财产增值部分，离婚时应根据婚姻法第三十九条第一款规定的原则，由产权登记一方对另一方进行补偿。

第十一条 一方未经另一方同意出售夫妻共同共有的房屋，第三人善意购买、支付合理对价并办理产权登记手续，另一方主张追回该房屋的，人民法院不予支持。

夫妻一方擅自处分共同共有的房屋造成另一方损失，离婚时另一方请求赔偿损失的，人民法院应予支持。

第十二条 婚姻关系存续期间，双方用夫妻共同财产出资购买以一方父母名义参加房改的房屋，产权登记在一方父母名下，离婚时另一方主张按照夫妻共同财产对该房屋进行分割的，人民法院不予支持。购买该房屋时的出资，可以作为债权处理。

第十三条 离婚时夫妻一方尚未退休、不符合领取养老保险金条件，另一方请求按照夫妻共同财产分割养老保险金的，人民法院不予支持；婚后以夫妻共同财产缴付养老保险费，离婚时一方主张将养老金账户中婚姻关系存续期间个人实际缴付部分作为夫妻共同财产分割的，人民法院应予支持。

　　第十四条　当事人达成的以登记离婚或者到人民法院协议离婚为条件的财产分割协议，如果双方协议离婚未成，一方在离婚诉讼中反悔的，人民法院应当认定该财产分割协议没有生效，并根据实际情况依法对夫妻共同财产进行分割。

　　第十五条　婚姻关系存续期间，夫妻一方作为继承人依法可以继承的遗产，在继承人之间尚未实际分割，起诉离婚时另一方请求分割的，人民法院应当告知当事人在继承人之间实际分割遗产后另行起诉。

　　第十六条　夫妻之间订立借款协议，以夫妻共同财产出借给一方从事个人经营活动或用于其他个人事务的，应视为双方约定处分夫妻共同财产的行为，离婚时可按照借款协议的约定处理。

　　第十七条　夫妻双方均有婚姻法第四十六条规定的过错情形，一方或者双方向对方提出离婚损害赔偿请求的，人民法院不予支持。

　　第十八条　离婚后，一方以尚有夫妻共同财产未处理为由向人民法院起诉请求分割的，经审查该财产确属离婚时未涉及的夫妻共同财产，人民法院应当依法予以分割。

　　第十九条　本解释施行后，最高人民法院此前作出的相关司法解释与本解释相抵触的，以本解释为准。

附录六

最高人民法院关于人民法院审理离婚案件处理财产分割问题的若干具体意见

（最高人民法院审判委员会第603次会议讨论通过）

人民法院审理离婚案件对夫妻共同财产的处理，应当依照《中华人民共和国婚姻法》《中华人民共和国妇女权益保障法》及有关法律规定，分清个人财产、夫妻共同财产和家庭共同财产，坚持男女平等，保护妇女、儿童的合法权益，照顾无过错方，尊重当事人意愿，有利生产、方便生活的原则，合情合理地予以解决。根据上述原则，结合审判实践，提出如下具体意见：

1. 夫妻双方对财产归谁所有以书面形式约定的，或以口头形式约定，双方无争议的，离婚时应按约定处理。但规避法律的约定无效。

2. 夫妻双方在婚姻关系存续期间所得的财产，为夫妻共同财产，包括：

（1）一方或双方劳动所得的收入和购置的财产；

（2）一方或双方继承、受赠的财产；

（3）一方或双方由知识产权取得的经济利益；

（4）一方或双方从事承包、租赁等生产、经营活动的收益；

（5）一方或双方取得的债权；

（6）一方或双方的其他合法所得。

3. 在婚姻关系存续期间，复员、转业军人所得的复员费、转业费，结婚时间10年以上的，应按夫妻共同财产进行分割。复员军人从部队带回的医药补助费和回乡生产补助费，应归本人所有。

4. 夫妻分居两地分别管理、使用的婚后所得财产，应认定为夫妻共同财产。在分割财产时，各自分别管理、使用的财产归各自所有。双方所分财产相差悬殊的，差额部分，由多得财产的一方以与差额相当的财产抵偿另一方。

5. 已登记结婚，尚未共同生活，一方或双方受赠的礼金、礼物应认定为夫妻共同财产，具体处理时应考虑财产来源、数量等情况合理分割。各自出资购置、各自使用的财物，原则上归各自所有。

6. 一方婚前个人所有的财产，婚后由双方共同使用、经营、管理的，房屋和其他价值较大的生产资料经过8年，贵重的生活资料经过4年，可视为夫妻共同财产。

7. 对个人财产还是夫妻共同财产难以确定的，主张权利的一方有责任举证。当事人举不出有力证据，人民法院又无法查实的，按夫妻共同财产处理。

8. 夫妻共同财产，原则上均等分割。根据生产、生活的实际需要和财产的来源等情况，具体处理时也可以有所差别。属于个人专用的物品，一般归个人所有。

9. 一方以夫妻共同财产与他人合伙经营的，入伙的财产可分给一方所有，分得入伙财产的一方对另一方应给予相当于入伙财产一半价值的补偿。

10. 属于夫妻共同财产的生产资料，可分给有经营条件和能力的一方。分得该生产资料的一方对另一方应给予相当于该财产一半价值的补偿。

11. 对夫妻共同经营的当年无收益的养殖、种植业等，离婚时应从有利于发展生产、有利于经营管理考虑，予以合理分割或折价处理。

12. 婚后 8 年内双方对婚前一方所有的房屋进行过修缮、装修、原拆原建，离婚时未变更产权的，房屋仍归产权人所有，增值部分中属于另一方应得的份额，由房屋所有权人折价补偿另一方；进行过扩建的，扩建部分的房屋应按夫妻共同财产处理。

13. 对不宜分割使用的夫妻共有的房屋，应根据双方住房情况和照顾抚养子女方或无过错方等原则分给一方所有。分得房屋的一方对另一方应给予相当于该房屋一半价值的补偿。在双方条件等同的情况下，应照顾女方。

14. 婚姻存续期间居住的房屋属于一方所有，另一方以离婚后无房居住为由，要求暂住的，经查实可据情予以支持，但一般不超过两年。

无房一方租房居住经济上确有困难的，享有房屋产权的一方可给予一次性经济帮助。

15. 离婚时一方尚未取得经济利益的知识产权，归一方所有。在分割夫妻共同财产时，可根据具体情况，对另一方予以适当的照顾。

16. 婚前个人财产在婚后共同生活中自然毁损、消耗、灭失，离婚时一方要求以夫妻共同财产抵偿的，不予支持。

17. 夫妻为共同生活或为履行抚养、赡养义务等所负债务，应认定为夫妻共同债务，离婚时应当以夫妻共同财产清偿。

下列债务不能认定为夫妻共同债务，应由一方以个人财产清偿：

（1）夫妻双方约定由个人负担的债务，但以逃避债务为目的的除外。

（2）一方未经对方同意，擅自资助与其没有抚养义务的亲朋所负的债务。

（3）一方未经对方同意，独自筹资从事经营活动，其收入确未用于共同生活所负的债务。

（4）其他应由个人承担的债务。

18. 婚前一方借款购置的房屋等财物已转化为夫妻共同财产的，为购置财物借款所负债务，视为夫妻共同债务。

19. 借婚姻关系索取的财物，离婚时，如结婚时间不长，或者因索要财物造成对方生活困难的，可酌情返还。对取得财物的性质是索取还是赠与难以认定的，可按赠与处理。

20. 离婚时夫妻共同财产未从家庭共同财产中析出，一方要求析产的，可先就离婚和已查清的财产问题进行处理，对一时确实难以查清的财产的分割问题可告知当事人另案处理；或者中止离婚诉讼，待析产案件审结后再恢复离婚诉讼。

21. 一方将夫妻共同财产非法隐藏、转移拒不交出的，或非法变卖、毁损的，分割财产时，对隐藏、转移、变卖、毁损财产的一方，应予以少分或不分。具体处理时，应把隐藏、转移、变卖、毁损的财产作为隐藏、转移、变卖、毁损财产的一方分得的财产份额，对另一方的应得的份额应以其他夫妻共同财产折抵，不足折抵的，差额部分由隐藏、转移、变卖、毁损财产的一方折价补偿对方。对非法隐藏、转移、变卖、毁损夫妻共同财产的一方，人民法院可依照《中华人民共和国民事诉讼法》第一百零二条的规定进行处理。

22. 属于事实婚姻的，其财产分割适用本意见。属于非法同居的，其财产分割按最高人民法院《关于人民法院审理未办结婚登记而以夫妻名义同居生活案件的若干意见》的有关规定处理。

1993 年 11 月 3 日

附录七

最高人民法院民一庭负责人就
《中华人民共和国婚姻法》司法解释答记者问

(2001 年 12 月 28 日)

问：最高人民法院近日就修改后的《中华人民共和国婚姻法》作出相关司法解释，您能否介绍一下有关情况？

答：第九届全国人民代表大会常务委员会通过了关于修改《中华人民共和国婚姻法》（以下简称《婚姻法》）的决定，修改后的《婚姻法》于 2001 年 4 月 28 日起施行。为更好地理解、贯彻和执行修改后的《婚姻法》，指导各级人民法院正确审理婚姻家庭纠纷案件，最高人民法院在《婚姻法》实施后即着手制定新的司法解释。《婚姻法》修改之前适用的原有的司法解释，应加以清理，与《婚姻法》相抵触的应予废止。但是，由于需要清理和重新规定的内容很多，如果等全面清理后再制定一个完整、系统的司法解释，不仅需要深入研究原有的司法解释，而且需要进一步调查研究《婚姻法》实施过程中出现的新情况、新问题，还需要总结其实施后的审判实践经验，这样的话，短期内难以出台，而目前实践中许多法律适用问题又迫切需要解决。所以，我们计划分批作出司法解释。这次的《最高人民法院关于适用〈中华人民共和国婚姻法〉若干问题的解释（一）》（以下简称《解释》），主要是对适用《婚姻法》中的一些程序性和亟须解决的问题作出规定。

《婚姻法》实施后，我们首先向全国法院系统发出通知，号召大家认真学习《婚姻法》，并将学习过程中遇到的问题及实践中存在的问题及时反馈给我院。今年 5 月底，我庭与中国女法官协会又在重庆联合召开了适用《婚姻法》的座谈会。在整理、收集材料的基础上，我们起草了《解释》初稿，并由院、庭领导亲自带队到全国十多个省调研征求意见，不断地进行修改。除法院系统内的调研外，我们还征求了全国人大法工委、民政部、妇联等有关部门的意见。最高人民法院的领导班子成员，还分别到全国各地听取全国人大代表的意见。不久前，我们还专门召开了专家学者论证会。大家现在看到的《解释》是最终经最高法院审判委员会讨论通过并公布实施的。

问：这次的《解释》主要有哪些方面的内容？

答：《解释》主要包括如下方面的内容：有配偶者与他人同居如何理解和适用；家庭暴力的含义及与虐待的关系；补办结婚登记的效力及认定问题；《婚姻法》新增加的无效婚姻和可撤销婚姻的请求权主体及有关具体操作问题；探望权行使的主体范围、探望权的中止行使、恢复行使等问题；对《婚姻法》规定夫妻双方对夫妻共同财产有平等处理权的理解；《婚姻法》第四十二条规定离婚后一方生活困难，另一方可以从其住房等个人财产中予以帮助，对于"生活困难"的解释及以住房进行帮助的具体形式问题；对《婚姻法》第四十六条的理解与适用问题等。

问：《婚姻法》增加了禁止家庭暴力和禁止有配偶者与他人同居的规定，《解释》中对此有何相关规定，您能否介绍一下？

答：目前国内外都在开展反对家庭暴力的运动，《解释》对家庭暴力的理解采取的是较为客观、严格的标准，不能把日常生活中偶尔的打闹、争吵理解为家庭暴力。另外，我们对家庭暴力的理解，不仅局限于夫妻之间，家庭其他成员之间发生的暴力都包括在内。对于有配偶者与他人同居，我们的表述力求将其与重婚、偶发性的婚外性行为等相区分。

问：《婚姻法》增加了补办结婚登记的规定，对于未补办结婚登记而要求离婚的，应当如何处理？

答：《婚姻法》第七条规定未办理结婚登记而以夫妻名义共同生活的男女，应当补办结婚登记。但不补办结婚登记而到人民法院起诉离婚的怎么处理，如果补办了结婚登记的，其效力又如何确定等问题，立法没有明文规定。从立法本意而言，对于补办了结婚登记的，应当承认其具有溯及力，效力自双方均符合《婚姻法》规定的结婚的实质要件时起计算。

对于没有补办结婚登记而以夫妻名义共同生活的男女，起诉到法院要求离婚的，人民法院应根据不同情况，区别对待。对此类问题，我们原来有过司法解释。这次《婚姻法》规定了补办结婚登记的制度，是从我国的现实情况出发，在坚持结婚必须进行登记的大前提下，现阶段有条件地允许补办登记。为了更好地与以往的司法解释相衔接，也考虑到对婚姻登记制度的正确引导以及司法解释实施的社会效果，《解释》中规定了不同情况：属于按原来司法解释已经认定为事实婚姻的，现在仍然认可其婚姻效力；对于不符合事实婚姻所应具备条件的案件，一方到人民法院起诉要求离婚，人民法院告知其应于案件受理前补办结婚登记，否则按解除同居关系对待。

问：关于无效婚姻和可撤销婚姻问题，《解释》有哪些规定？

答：《婚姻法》规定了四种情形下缔结的婚姻为无效婚姻，那么，哪些人可以请求宣告婚姻无效，是将该请求权仅赋予婚姻当事人，还是允许扩大到利害关系人的范围？

《解释》采取的是有条件地允许利害关系人提出请求。除了重婚的利害关系人范围包括当事人的近亲属和基层组织外，其余几种情况的无效婚姻，利害关系人都限于当事人的近亲属。由于婚姻是双方当事人之间的意思表示，如无特殊情况，原则上应限制他人过多地干涉。

如果当事人在登记时存在婚姻无效的情形，但随着时间的推移，原来的无效情形已经消失了的，不得再请求宣告婚姻无效。例如登记时未达法定婚龄，应当属于无效婚姻，但已经达到了法定婚龄之后，再以当初登记时未达法定婚龄为由，请求宣告婚姻无效的；人民法院依法不予支持。

人民法院审理宣告无效婚姻案件，适用什么程序，对于未达法定婚龄等很明显且容易查证的事实是否还一定要经过一审、二审这样的诉讼程序？通常人民法院在审理离婚案件时，如果判决离婚的，对于子女抚养和财产分割问题都一并处理。由于无效婚姻制度中涉及利害关系人提起诉讼的情形，又如何规定？为解决上述问题，《解释》规定，人民法院审理宣告婚姻无效的案件，对婚姻效力的审理不适用调解，应当依法判决，判决一经作出，即发生法律效力，当事人不得再就婚姻效力问题提出上诉。对于涉及子女抚养和财产分割的，可以调解，如以判决形式作出的，对此部分可以上诉。在审理因重婚导致的无效婚姻案件时，为更好地贯彻婚姻法规定的保护合法婚姻当事人权益的原则，《解释》规定，此类案件中涉及财产处理的，应当准许合法婚姻当事人作为有独立请求权的第三人参加诉讼。

关于可撤销婚姻问题，《解释》将请求权仅赋予了受胁迫者本人。这是考虑到立法规定基于因受胁迫而请求撤销婚姻的，自受胁迫人恢复自由之日起一年内提出，其本人有足够的时间和能力亲自提出请求，无须再允许他人提出。同时对于受胁迫的含义进行了必要的解释。应该指出的是，受胁迫的人包括当事人本人及其近亲属，实施胁迫行为的行为人，既可以是婚姻当事人本人，也可以是其近亲属。

问：《婚姻法》规定了离婚后，不与子女共同生活的父或母有探望子女的权利。您能否就这方面的问题给我们介绍一下情况？

答：探望权是《婚姻法》新增加的内容，对于此后发生的离讼中涉及探望权的，依法予以保护，自无疑问。关键是对于之前已经判决离婚的，由于当时法律并无探望权的规定，后来离婚的当事人向法院起诉要求保护其探望权的，怎么处理？《解释》规定，人民法院作出的生效的离婚判决中未涉及探望权，人就探望权问题单独提起诉讼的，人民法院应予受理。另外，行使探望权出现不利于子女身心健康的情况时，人民法院可以根据当事人的申请，依法中止探望权的行使；待中止情形消失后，再根据当事人的申请通知双方当事人恢复探望权的行使。探望权的中止，只是权利行使暂时性地受到限制，不是对探望权的实体权利进行处分，因此，关于探望权的中止、恢复等请求，不发生独立的新的诉讼，而是作为在履行人民法院作出的生效的裁判文书过程中发生的，依法应予处理的情况对待。对于哪些人有权提出中止探望权的行使，《解释》进行了规定。由于探望权的立法本意是为了使子女身心能得到更好的发展，有鉴于此，我们就有权提出中止行使探望权的主体问题进行了解释，以求更好地保护未成年子女的合法权益。

问：有关夫妻财产制问题，《解释》都有哪些规定？

答：这次的《婚姻法》完善了夫妻财产制度，不仅明确规定夫妻之间可以就财产问题进行约定，还规定了应属夫妻共同财产和归夫或妻一方所有的财产的范围。这与以前的规定有所不同。按现行法律，婚前一方所有的财产，如无特别约定，婚后仍归一方所有。最高法院曾有过司法解释，对于一方婚前所有的财产，如婚后双方共同生活达到一定期限的，视为夫妻共同财产，这显然与现行法律相冲突。由于大家对这个问题较为关注，故《解释》中明确规定夫妻一方所有的财产，不因婚姻关系的延续而转化为夫妻共同财产，以做到司法解释与立法的一致性。

为了体现对弱势群体利益的保护，我们在对《婚姻法》第四十二条规定的情况进行解释时的出发点，就是注重保护弱者的权利。《婚姻法》第四十二条规定："离婚时，如一方生活困难，另一方应从其住房等个人财产中给予适当帮助。"《解释》中单独强调指出，一方离婚后没有住处的，属于生活困难。另一方以金钱给予帮助的，容易理解。以个人所有的住房对另一方进行帮助的，难免会让人产生不同认识。立法未明确是以何种形式予以帮助，是临时居住权，还是长期居住权，还是彻底地将房屋的所有权都转移给生活困难者。根据立法的本意，并经过征求各方的意见，《解释》中采取的是最大限度保护弱者的做法，规定了必要时可以将帮助者的房屋所有权转移给生活有困难的被帮助之人。这样规定，会使那些本人没有什么收入来源，夫妻共同生活多年之后离婚了，但离婚时分得的财产很少或没有，实际情况又确实需要帮助的人，得到一定程度的保护。

另外，夫妻之间的财产约定虽对夫妻内部有约束力，但对外应不得对抗善意第三人。《解释》对《婚姻法》第十九条规定采取的是有利于保护第三人的做法，即夫或妻若想以夫妻之间关于财产的约定来对抗第三人的话，举证责任在夫妻一方，其必须能够证明该第三人明确、清楚地知道夫妻之间的约定，才可以对抗第三人。

问：《婚姻法》第四十六条关于无过错方请求赔偿的规定，在实践中大家都很关注，理解也不尽一致，请您就此问题给我们说明一下。

答：《婚姻法》第四十六条规定了几种情况导致离婚的，无过错的一方有权提出损害赔偿的请求。大家对以下立法没有明确的问题可能会有不同认识，即：无过错方是否仅指合法婚姻当事人中的无过错方，无过错方请求赔偿的权利应在什么时候提出才能依法受到保护，是否可以向婚外的其他人提出该项赔偿请求。

首先应该明确的是，有权依据《婚姻法》第四十六条提起损害赔偿请求的人，仅指合法婚姻关系中的无过错方，而且必须是由于对方的过错导致离婚的，才可以提出，如果不起诉离婚而单独请求此类赔偿的，依法不予支持。

其次，无过错方的此项请求只能以自己的配偶为被告，不能向婚姻的其他人提出。实践中有些人认为该条规定可以适用于不告自己的配偶，而是告第三者，或者把配偶和第三者都作为被告，根据立法的本意，这些理解都是不正确的。

对于无过错方在什么时间提出此项请求的问题，由于立法无明文规定，有人认为可以在婚后任何时候提出，有人认为必须在离婚诉讼的同时提出。如果规定必须在离婚诉讼的同时提出，可能有些人对《婚姻法》依法赋予其的权利并不知道，待离婚后才知道的，真正的无过错方的权利得不到保护。而且我国目前人们对法律的掌握程度和法律意识都不是很强，许多人对该规定是不甚了解的。如果规定可以在离婚后单独提出，会造成举证、认证上的诸多不便，而且在离婚后，即使可以提出，由于财产在离婚时都已分割完毕，事后难以再完全掌握，也很容易使判决落空。面对这种两难境地，《解释》采取了将《婚姻法》第四十六条等法律规定的当事人的有关权利义务，在诉讼通知等形式中明确告知当事人，一是让当事人知道法律的规定，二是让当事人有一个选择的权利，即主张或是放弃。在这个让大家都有可能知道的前提下，再做具体处理。考虑到婚姻案件是一个复合诉讼，情况比较复杂，有必要进行详细规定，故《解释》按无过错方在诉讼中的地位不同做出相关规定。如果无过错方作为原告的，该项请求必须与离婚诉讼同时提出。由于人民法院审理之前已将相关权利义务告知过了，原告不提出请求的，视为其对自己权利的放弃，以后其也丧失了依据第四十六条规定请求赔偿的权利。如果无过错方作为被告的，其不同意离婚，也不基于该条规定提起损害赔偿请求的，可以在离婚后一年内单独提出。如果其在一审时未提而二审时提出的，人民法院应当进行调解，调解不成的，告知当事人可以就此问题在离婚后一年内另行起诉，以充分保护当事人的权利。

　　问：谢谢您。

后 记

本书得以出版，得益于广东妇联组织维权工作者共同努力提供的原始案例，同时也得益于广东省妇联领导和权益部的大力支持。

全省各地级以上市和各县（区、镇、街）妇联主席、分管维权工作的副主席、权益部部长高度重视维权工作，面对人手少、案件多、任务重、处理难的维权工作局面，没有畏难情绪，没有消极无为，而是立足现实奋力前行，交出了一大批维权案例的亮丽清单。特别是，广州市刘晓丽、深圳市余长秀、珠海市陈佩瑜、汕头市黄文莉、佛山市李惠灵、东莞市易健华、中山市巫洁云、江门市陈华、湛江市陈敏斌、韶关市郭惠银、惠州市黎雪环、清远市温志容、肇庆市罗伟容、河源市邓小菲、阳江市豆安玲、梅州市邓玉文、茂名市李碧清、汕尾市林瑶、云浮市曾雪珍、揭阳市孙彩珍、潮州市林琳等各地级以上市妇联权益部部长，在做好一线维权工作的同时，为收集、整理本书案例，付出了大量心血。

同时，正是广东省妇联权益部部长陈秋鹏先生及其同事吉日格勒、王为佳、王飙尘、曾赛岚、谢博淳等努力协助，本书才得以顺利编写出版，在此一并感谢。

编 者

2017 年 10 月 15 日